总第78辑（2021.2）

中国审判指导丛书

执行工作指导

最高人民法院执行局 编

人民法院出版社

图书在版编目（CIP）数据

执行工作指导. 总第78辑 / 最高人民法院执行局编
. -- 北京：人民法院出版社，2022. 10
（中国审判指导丛书）
ISBN 978-7-5109-3538-1

Ⅰ. ①执… Ⅱ. ①最… Ⅲ. ①法院 - 执行（法律）- 中国 Ⅳ. ①D926. 2

中国版本图书馆 CIP 数据核字（2022）第120030号

执行工作指导 2021年第2辑（总第78辑）
最高人民法院执行局 编

策划编辑 兰丽专
责任编辑 丁塞峨
出版发行 人民法院出版社
地　　址 北京市东城区东交民巷27号（100745）
电　　话 （010）67550656（责任编辑） 67550558（发行部查询）
　　　　 65223677（读者服务部）
网　　址 http://www.courtbook.com.cn
E - mail courtpress@sohu.com
印　　刷 三河市国英印务有限公司
经　　销 新华书店

开　　本 787毫米×1092毫米 1/16
字　　数 208千字
印　　张 13
版　　次 2022年10月第1版 2022年10月第1次印刷
书　　号 ISBN 978-7-5109-3538-1
定　　价 68.00元

《执行工作指导》
编辑委员会

投稿电子信箱 zhixingcankao@ sina. com

《执行工作指导》
特约编辑

杨　越（北京）	蒋亚辉（天津）	任晓刚（河北）
丁　毅（山西）	梁　静（内蒙古）	方宝国（辽宁）
周文君（吉林）	洛大雨（黑龙江）	汤兵生（上海）
朱　嵘（江苏）	魏新璋（浙江）	陈严法（安徽）
谢志淇（福建）	邹中华（江西）	廖伟忠（山东）
石文灵（河南）	卫逊敏（湖北）	郭正怀（湖南）
陈明辉（广东）	刘拥建（广西）	肖云彪（海南）
周　磊（四川）	陈永兴（贵州）	袁学红（云南）
牟　强（西藏）	韩玉军（陕西）	杨险峰（甘肃）
高　原（青海）	尹效恩（宁夏）	孙金梁（新疆）
胡志超（兵团）	李　亮（重庆）	胡　明（军事）

《执行工作指导》
特约通讯员

王　赫（北京）	杨飞跃（天津）	冯小强（河北）
王　玮（山西）	陈志国（内蒙古）	马志鹏（辽宁）
梁宇菲（吉林）	姜　雪（黑龙江）	邹　杰（上海）
王　成（江苏）	王　敏（浙江）	曹红军（安徽）
叶聿僚（福建）	卢日久（江西）	李　超（山东）
刘　婷（河南）	罗秒珍（湖北）	肖　锭（湖南）
邵　萌（广东）	邓　韵（广西）	胡　娜（海南）
吕凤国（重庆）	马学琴（四川）	刘　飞（贵州）
马宝伦（云南）	王友刚（西藏）	吴小鹏（陕西）
李志钧（甘肃）	龙海忠（青海）	兰东兴（宁夏）
答诗婕（新疆）	王海龙（兵团）	王科炜（军事）

目　录

【民法典实施与执行工作专题】

关于合同效力的几个问题

刘贵祥* 吴光荣**

摘要：《民法典》在总结以往民事立法经验和民事司法经验的基础上形成了完整的合同效力体系，司法解释亦就司法实践中涉及合同效力认定的大量疑难问题作出了规定。现行法将影响合同效力的因素区分为有效要件（一般生效要件）和特别生效要件，从而为准确界定未生效合同的法律地位提供了依据。在认定须经批准的合同效力时，既要注意区分原则的运用，也要注意其与合同因违法而无效之间的区别，合理划定各自的适用范围。在判断合同因违法无效时，不仅要区分效力性强制性规定和管理性强制性规定，而且要与诚实信用原则相协调，审慎考量不诚信一方关于合同无效的主张。以违反公序良俗为由认定违反规章的合同无效，须进行充分说理，不能仅以规章涉及到公共利益或者公共秩序为由认定合同无效。此外，《民法典》第146条不仅为处理法律规避行为提供了依据，也为无效合同的转换提供了依据。

关键词：民法典　合同效力　区分原则　强制性规定　公序良俗

一、合同效力制度的发展

合同是最为常见的民事法律行为，合同效力的认定也是司法实践中

---

* 最高人民法院审判委员会副部级专职委员，二级大法官。

** 国家法官学院教授。

最为常见的疑难问题之一。从民事立法关于民事法律行为或者合同效力的规定看，合同效力制度在不断完善。[①] 1982年7月1日施行的《经济合同法》和1985年7月1日实施的《涉外经济合同法》采取有效合同与无效合同的“二分法”，并对合同无效的具体情形作了明确规定（《经济合同法》第7条、《涉外经济合同法》第9条、第10条）。[②] 1987年1月1日施行的《民法通则》将民事法律行为界定为“公民或者法人设立、变更、终止民事权利和民事义务的合法行为”（第54条），采取合同“有效、无效、可撤销或可变更、效力待定”的模式，不仅明确规定了民事法律行为应当具备的条件（第55条），而且就无效的民事行为、可变更或者可撤销的民事行为的具体情形以及无权代理实施民事行为的效力分别进行了规定（第58条、第59条、第66条），并规定民事法律行为可以附生效条件（第62条）。1999年10日1日施行的《合同法》专章对合同效力进行了规定（第三章），采取的是“有效·无效·可撤销或可变更·效力待定·未生效”的模式，在规定“依法成立的合同，自成立时生效”的同时，明确“法律、行政法规规定应当办理批准、登记等手续生效的，依照其规定”（第44条）。此外，与《民法通则》比较，《合同法》不仅缩小了合同无效的范围，例如将限制行为能力人超出行为能力订立的合同从无效修改为可撤销或者可变更（第47条）、将违法无效的合同限制在违反“法律、行政法规的强制性规定”（第52条），而且增设了合同效力待定的情形，例如将无权代表和无权处分订立的合同规定为效力待定的合同（第50条、第51条）。2017年10月1日施行的《民法总则》首先将民事法律行为界定为“民事主体通过意思表示设立、变更、终止民事法律关系的行为”，且与《合同法》相比较，不再承认可撤销法律行为的可变更，从而形成“有效·无效·可撤销·效力待定·未生效”的模式；其次，根据理论界与实务界形成的共识，不仅对违反法律、行政法规的强制性规定

---

① 关于合同效力制度在我国的演进，参见崔建远：《合同法总论（上卷）》（第二版），中国人民大学出版社2011年版，第271页。

② 1987年11月1日施行的《技术合同法》虽然制定在《民法通则》之后，但也采取的是合同有效与合同无效的二分法，仅就技术合同无效的情形作了规定（第21条）。

导致法律行为无效作出例外规定（第153条第1款），而且将“损害社会公共利益”修改为“违反公序良俗”（第153条第2款），并在删除“以合法形式掩盖非法目的”导致合同无效的同时，增设通谋虚伪表示的法律行为无效，但被隐藏法律行为的效力应按有关法律处理的规定（第146条）。

2021年1月1日施行的《民法典》全面继受了《民法总则》的规定，并在删除与《民法总则》有重复或者有冲突的规定的基础上，将《合同法》纳入到《民法典》作为合同编，但在合同效力问题上，《民法典》合同编还总结了司法实践积累的经验，将司法解释的有关规定吸收到《民法典》，主要表现如下：一是删除《合同法》第44条第2款规定的“登记”，仅规定“依照法律、行政法规的规定，合同应当办理批准等手续的，依照其规定”，并就未经行政审批的合同效力及报批义务的履行与救济作出明确规定（第502条）；二是删除《合同法》第51条关于无权处分效力待定的规定，同时在“买卖合同”一章增设出卖人未取得处分权致使标的物所有权不能转移的，买受人可以解除合同并请求出卖人承担违约责任的规定（第597条）。

《民法典》编纂完成后，最高人民法院对标《民法典》，就以往制定的司法解释进行了全面清理，废止或者修改了与《民法典》有冲突的规定，删除了与《民法典》有重复的规定，保留了与《民法典》的内容与精神相一致且仍具实践意义的规定。① 就合同效力问题而言，较为重要的变化有：一是为避免与《民法典》第597条重复，修改《最高人民法院

① 司法解释的清理结果具体包括三种情况：与《民法典》规定一致的共364件，未作修改、继续适用；对标《民法典》，需要对名称和部分条款进行修改的共111件，经修改颁布后自2021年1月1日施行；决定废止的司法解释及相关规范性文件共116件，自2021年1月1日失效。所废止的116件司法解释及相关规范性文件包括两种情况：一是只废不立，直接废止，共计89件，有的属于发布时间较为久远，已经不适应新时代的经济社会发展要求，有的则属于其内容已经被《民法典》及相关法律、新制定的司法解释吸收或替代，可以直接援引《民法典》及相关法律、司法解释的规定解决；二是“废旧立新”，共计27件，其中有24件在废止的同时，重新制定了相应司法解释，于2021年1月1日与《民法典》同步实施，另有3件废止之后，需要进一步调研论证，待成熟时再予发布实施。

关于审理买卖合同纠纷案件适用法律问题的解释》（以下简称《买卖合同解释》），删除该解释第3条关于无权处分不影响合同效力的规定；二是修改《最高人民法院关于审理涉及国有土地使用权合同纠纷案件适用法律问题的解释》（以下简称《土地使用权解释》），删除该解释第11条关于未经批准的划拨土地使用权转让合同无效的规定；三是修改《最高人民法院关于破产企业国有划拨土地使用权应否列入破产财产等问题的批复》（以下简称《破产财产批复》），将该批复关于未经批准的划拨土地使用权抵押无效的规定修改为未经审批不影响合同的效力，并明确"国有企业以关键设备、成套设备、建筑物设定抵押的，如无其他法定的无效情形，不应当仅以未经政府主管部门批准为由认定抵押合同无效"。

此外，最高人民法院在清理与担保制度有关的司法解释的基础上，新制定了《最高人民法院关于适用〈中华人民共和国民法典〉有关担保制度的解释》（以下简称《民法典担保解释》），就担保合同的效力认定进行了大量规定，较为重要的有：其一，明确法定代表人违反《公司法》第16条的规定未经公司决议对外提供担保，构成无权代表，除构成表见代表外，该代表行为对公司不发生效力（第7条），并对无须公司决议的情形以及上市公司提供担保的效力认定作了规定（第8条、第9条）；其二，明确当事人以所有权、使用权不明或者有争议的财产抵押、以依法被查封或者扣押的财产抵押或者以依法被监管的财产抵押，不影响抵押合同的效力（第37条）；其三，明确以违法的建筑物抵押的，抵押合同无效，但是一审法庭辩论终结前已经办理合法手续除外，并规定当事人以建设用地使用权依法设立抵押，抵押人以土地上存在违法的建筑物为由主张抵押合同无效的，人民法院不予支持（第49条）；其四，规定抵押人以划拨建设用地上的建筑物抵押或者划拨建设用地使用权抵押，当事人以该建设用地使用权不能抵押或者未办理批准手续为由主张抵押合同无效或者不生效的，人民法院不予支持（第50条）。

值得注意的是，因《民法典》施行后，《民法通则》和《合同法》被废止，故最高人民法院在清理相关司法解释时废止了《最高人民法院关于贯彻执行〈中华人民共和国民法通则〉若干问题的意见（试行）》（以下简称《民通意见》）、《最高人民法院关于适用〈中华人民共和国合同法〉若干问题的解释（一）》（以下简称《合同法解释一》）、《最高人民法院关于适用〈中华人民共和国合同法〉若干问题的解释（二）》（以下简称《合同法解释二》），但未来得及制定新的司法解释。考虑到这三部司法解释的大量规定与《民法典》的内容和精神并不冲突，且对司法实践仍具有指导意义，最高人民法院于 2021 年 4 月 6 日发布《全国法院贯彻实施民法典工作会议纪要》，明确《民通意见》《合同法解释一》《合同法解释二》的实体性规定在与《民法典》及有关法律不冲突且在司法实践中行之有效的情况下，人民法院可以在裁判文书说理时阐述（第 1~12 条）。据此，上述司法解释关于重大误解、欺诈、胁迫的认定等规定，对当前的人民法院认定合同效力，仍具有指导意义。此外，《最高人民法院关于适用〈中华人民共和国民法典〉时间效力的若干规定》就《民法典》的溯及力问题作出了全面规定，指出“民法典施行前成立的合同，适用当时的法律、司法解释的规定合同无效而适用民法典的规定合同有效的，适用民法典的相关规定”（第 8 条），从而为人民法院解决新旧法律的衔接适用问题提供了依据。

总之，以《民法典》及相关司法解释为基础，我国民法已经形成高度科学的合同效力制度，从而构建了较为复杂的合同效力体系。为此，有必要对影响合同效力的各种因素进行全面分析，进而为准确适用《民法典》及其司法解释的相关规定提供理论指导。

二、未生效合同的法律地位

从《民法典》及相关司法解释的规定看，我国民法将影响合同效力的因素区分为有效要件和生效要件：前者是指合同发生法律约束力所必须具备的条件；后者则是合同实际发生当事人所追求的法律效力应具备的要件。显然，合同只有具备有效要件，才能发生当事人所追求的法律效力。也就是说，合同有效是我们判断合同是否生效的前提。一般情形下，合同具备有效要件，也就可以发生当事人所追求的法律效力，但是在特殊情形下，合同有效但却暂时不能发生当事人所追求的法律效力亦即履行效力，例如当事人就合同发生效力约定了条件或者期限，再如法律、行政法规规定合同只有经过行政部门审批才能发生效力。①《民法典》第502条第1款规定："依法成立的合同，自成立时生效，但是法律另有规定或者当事人另有约定的除外。"这里所谓"依法成立"，应指合同具备有效要件，即具备《民法典》第143条规定的有效条件；所谓"法律另有规定"，应指《民法典》第502条第2款规定的"依照法律、行政法规的规定，合同应当办理批准等手续"的情形；所谓"当事人另有约定"，则是指当事人根据《民法典》第158条、第160条的规定为合同生效约定了条件或者期间。

可见，合同的"有效要件"是所有合同发生效力都必须具备的要件，但我们在讨论"生效要件"时，针对的并非所有合同，而是特殊情形下的合同，如附生效条件或期限的合同以及须经行政审批的合同。基于此，我们也可以将合同的有效要件称为一般生效要件，而特殊情形下合同发生法律效力所应具备的要件，则为特别生效要件。合同只有具备有效要件（一般生效要件），才有讨论是否具备特别生效要件的必要。需要特别指出的是，虽然合同具备有效要件是合同发生效力的必要条件，且合同欠缺有效要件也常常是合同被认定无效的原因，但这并不意味着合同不具备有效要件（即一般生效要件），就必然导致合同无效。例如《民法典》第143条规定民事法律行为应当具备有效条件之一是"意思表示真实"，但这是不是意味着当事人的意思表示不真实就必然会导致合同无效呢？显然不是。根据《民法典》关于意思表示的规定，意思表示不真实有多种情形，有的是意思表示不自由（如受欺诈、胁迫），有的是意思与表示不一致（重大误解），也有的是通谋虚伪表示。对于因欺诈、胁迫或者重大误解实施的法律行为，《民法典》并非规定该行为当然无效，而是

---

① 参见崔建远、吴光荣：《中国法语境下的合同效力：理论与实践》，载《法律适用》2012年第7期。

赋予一方当事人合同撤销权，由其决定是否请求人民法院或者仲裁机构撤销合同。只有在当事人请求人民法院或者仲裁机构撤销合同后，合同才溯及到成立之时无效，否则，合同就是有效的。就此而言，《民法典》第143条虽然列举了民事法律行为的有效要件，但却不能通过对该条进行反对解释来认定合同的效力。实践中，有人依据《民法典》第143条，以当事人意思表示不真实为由直接认定合同无效，这就会架空《民法典》第144条至第154条关于民事法律行为效力认定的具体规定。

问题是，在合同具备有效要件（一般生效要件）但不具备特别生效要件的情况下，合同的效力状态如何？对于附生效条件或者生效期限的合同，在条件成就或者期限到来之前，合同处于有效但未生效的状态，自无疑问。但是，对于须经批准的合同，在审批机关对合同予以批准前，合同效力状态如何，则存在理解上的难度。由于合同须经批准才能生效亦属法律、行政法规的强制性规定，因此，在以前的实践中，不少人以当事人未办理报批手续构成违反法律、行政法规的强制性规定为由，认定未经批准的合同为无效合同。显然，这种做法误将合同的特别生效要件当作有效要件（一般生效要件）。根据《民法典》第143条的规定，民事法律行为不得违反法律、行政法规的强制性规定为该行为的有效要件，即一般生效要件，而批准手续是合同的特别生效要件。尽管合同须经批准也属于法律、行政法规的强制性规定，但既然法律已将审批作为特别生效要件，自应适用《民法典》第502条的规定，认定未办理批准手续的合同为未生效合同，而非无效合同。①

未生效合同与无效合同究竟有何区别？如果我们将未生效合同界定为合同具备有效要件（一般生效要件）但不具备特别生效要件，则根据《民法典》的相关规定，未生效合同因已"依法成立"而不仅"对当事人具有约束力"（第119条），而且应"受到法律保护"（第465条）。这显然与无效合同有根本性的区别，因为根据《民法典》第155条的规定，

① 参见吴光荣：《行政审批对合同效力的影响：理论与实践》，载《法学家》2013年第1期。

无效合同“自始不具有法律约束力”。可见，未生效合同已经具备法律约束力，只是不能发生当事人所追求的法律效力，即一方当事人无法请求另一方当事人履行合同约定的主要义务。

从《民法典》的规定看，未生效合同所具有的法律约束力首先表现为“行为人非依法律规定或者未经对方同意，不得擅自变更或者解除民事法律行为”（第136条第2款）；其次，在附生效条件合同的场合，未生效合同的法律约束力还表现为“当事人为自己的利益不正当地阻止条件成就的，视为条件已经成就；不正当地促成条件成就的，视为条件不成就”（第159条）；最后，须经批准的合同在被审批机关批准前，虽然合同尚未生效，但“不影响合同中履行报批等义务条款以及相关条款的效力”“应当办理申请批准等手续的当事人未履行义务的，对方可以请求其承担违反该义务的责任”（第502条第2款）。据此，在合同有效但未生效的情况下，合同所具有的法律约束力不仅可以产生任何一方当事人不得擅自变更或解除合同以及不得恶意阻止或促成条件成就的消极义务，还可产生负有报批义务的一方履行报批手续等积极义务。

问题是，负有报批义务的当事人违反报批义务，究竟应承担何种性质的责任？《民法典》编纂完成前，因《合同法》未就报批义务以及当事人违反报批义务的后果作明确规定，故实践中对于报批条款的效力、违反报批义务是否应承担民事责任等问题，存在不同的意见。《合同法解释二》第8条试图有所作为，将违反报批义务的行为界定为《合同法》第42条第3项所称“其他违背诚实信用原则的行为”，并据此规定“人民法院可以根据案件的具体情况和相对人的请求，判决相对人自己办理有关手续；对方当事人对由此产生的费用和给相对人造成的实际损失，应当承担损害赔偿责任”。这一规定让不诚信履行报批手续的当事人无法轻松躲避责任，当然是一种进步，但是，从责任性质上看，该条确立的赔偿责任似属缔约过失责任，在范围上比违约责任的要小很多，不足以让恶意违约者付出应有的代价，其打完“两害相权取其轻”的算盘后，可能仍然会选择不履行报批义务。[①] 为此，最高人民法院 2010 年发布的《关于审理外商投资企业纠纷案件若干问题的规定（一）》（以下简称《外商投资企业解释一》）在规定“合同因未经批准而被认定未生效的，不影响合同中当事人履行报批义务条款及因该报批义务而设定的相关条款的效力”（第 1 条第 2 款）的基础上，采取“两步走”的措施对违反报批义务的行为进行救济：第一步，外商投资企业股权转让合同的受让人可以诉请转让方与外商投资企业履行报批义务（第 6 条第 1 款）；第二步，如果转让方和外商投资企业拒不根据人民法院生效判决确定的期限履行报批义务，受让方可另行起诉，请求解除合同并赔偿损失，且赔偿损失的范围包括股权的差价损失、股权收益及其他合理损失（第 6 条第 2 款）。显然，这一规定采取的是违约责任的思路，且这一思路已被《民法典》第 502 条第 2 款所采纳。据此，《民法典》施行后，应认定当事人违反报批义务所承担的责任在性质上属于违约责任。至于违约责任的承担方式，亦可参照《外商投资企业解释一》的规定，分两步进行：先由合同相对人请求负有报批义务的一方继续履行报批义务，再在其拒不执行法院判决的情形下，再请求其承担违约损害赔偿责任。另外，需要说明的是，如果负有报批义务的当事人虽然履行了报批义务，但审批机关没有批准，此时合同将确定不发生当事人所追求的法律效力，而继续维持合同的法律约束力，亦无必要，应允许当事人请求解除合同。最高人民法院于 2019 年 11 月发布的《全国法院民商事审判会议纪要》（以下简称《九民纪要》）第 39 条、第 40 条对于上述问题均有明确规定，此处不再赘述。

三、区分原则与合同效力

无论是《合同法》还是《民法典》，均将影响合同效力的批准手续限制在“法律、行政法规”有规定的情形。据此，如果批准手续并非

---

① 参见汤文平：《批准（登记）生效合同、“申请义务”与“缔约过失”——〈合同法解释（二）〉第 8 条评注》，载《中外法学》2011 年第 2 期。

"法律、行政法规"的规定而是地方性法规或者行政规章的规定，自不能将批准手续作为影响合同生效的要件。当然，此时批准手续虽然不影响合同的效力，但却可能会影响合同的履行或者权利的变动，因为当事人在未获得批准手续前，可能无法完成合同约定的义务。

在法律、行政法规不仅规定当事人应当办理批准手续，且明确规定合同自批准时生效时，例如《矿产资源法》第 6 条规定当事人转让探矿权、采矿权须经批准，而《探矿权采矿权转让暂行办法》第 10 条进一步规定"批准转让的，转让合同自批准之日起生效"，批准手续的完成当然是合同的特别生效要件，未经批准，则合同未生效。有疑问的是，在法律、行政法规仅规定当事人应当办理批准手续，未明确规定合同自批准时生效时，批准手续是否构成合同的特别生效要件？此外，与《合同法》第 44 条第 2 款同时列举批准与登记不同，《民法典》第 502 条仅列举了批准，未再规定登记，但也在批准后保留了一个"等"字，这就带来如下问题：在法律、行政法规仅规定当事人应当办理登记手续，但未明确规定合同以登记为生效要件的情况下，登记是否构成合同的特别生效要件？我们认为，上述两个问题，都涉及到区分原则的适用。

我国民法最早确立区分原则，就是为了解决《合同法》第 44 条第 2 款的法律适用。由于《合同法》第 44 条第 2 款将登记与批准同时列举为影响合同生效的要件，导致司法实践常常误将未办理不动产登记的买卖合同、抵押合同等认定为未生效合同，从而严重影响到当事人的交易安全。为此，《合同法解释一》第 9 条规定："依照合同法第四十四条第二款的规定，法律、行政法规规定合同应当办理批准手续，或者办理批准、登记等手续才生效，在一审法庭辩论终结前当事人仍未办理批准手续的，或者仍未办理批准、登记等手续的，人民法院应当认定该合同未生效；法律、行政法规规定合同应当办理登记手续，但未规定登记后生效的，当事人未办理登记手续不影响合同的效力，合同标的物所有权及其他物权不能转移。"可见，该条在确立未生效合同这一概念的同时，严格区分了批准和登记。根据这一规定，法律、行政法规规定的登记在法律性质上可以区分为两类：一类是行政审批性质的登记；另一类则是作为公示方式的登记，如不动产登记。显然，《合同法》第 44 条第 2 款所称登记，应仅指行政审批意义上的登记。此种性质的登记不仅在数量上较少，且往往与批准规定在一起，例如国务院发布的《外汇管理条例》第 19 条第 1 款规定："提供对外担保，应当向外汇管理机关提出申请，由外汇管理机关根据申请人的资产负债等情况作出批准或者不批准的决定；国家规定其经营范围需经有关主管部门批准的，应当在向外汇管理机关提出申请前办理批准手续。申请人签订对外担保合同后，应当到外汇管理机关办理对外担保登记。"这里的登记，自应理解为行政审批性质的登记，而非公示方式性质的登记，故当事人未办理登记，在后果上应与未办理批准应作相同处理。与此不同，尽管《土地管理法》《房地产管理法》均规定土地使用权或者房屋所有权发生变动，当事人应办理登记，但由于不动产登记仅仅是不动产物权的公示方式，其目的在于保护第三人的交易安全，因此只有发生物权变动，才有登记的必要，而买卖合同仅在当事人之间发生效力，故应将登记作为物权变动的生效要件，而非买卖合同的生效要件。

尽管《合同法解释一》第 9 条在将登记进行类型化的基础上确立了区分原则，即严格区分原因行为与物权的变动，明确将不动产登记作为物权变动的要件，而非原因行为的生效要件，但是，由于《担保法》第 41 条明确规定抵押合同自登记时生效，故即使依据《合同法解释一》第 9 条，亦应认为未办理登记的抵押合同为未生效合同。为彻底解决这个问题，《物权法》第 15 条规定："当事人之间订立有关设立、变更、转让和消灭不动产物权的合同，除法律另有规定或者合同另有约定外，自合同成立时生效；未办理物权登记的，不影响合同效力。"显然，这一规定不仅适用于不动产买卖，也适用于不动产抵押，且根据《立法法》第 93 条关于"有利溯及"的规定并参照《合同法解释一》第 3 条，这一规定亦应适用于《物权法》施行前订立的不动产抵押合同。

由于法律、行政法规规定的登记在法律性质上大多是各种民事权利的公示方式，行政审批性质的登记极为罕见，且《外汇管理法》并未明确将批准或者登记作为对外担保合同的生效要件，而随着《境内机构对外担保管理办法》的废止和《跨境担保外汇管理规定》的实施，国家外汇管理部门就对外担保的管理也已过度到程序性审核，《民法典》未再将登记与批准并列规定为影响合同生效的要件，也就可以理解了。就此而言，《民法典》施行后，登记仅仅是权利变动的要件，而非合同的生效要件。[①] 至于法律、行政法规虽然规定当事人应当办理批准手续，但没有明确规定合同自批准时生效，批准手续是否影响合同效力的问题，作为一种可供选择的方案，在涉及民事权利变动的交易中，亦可贯彻区分原则，即认为批准手续只是合同履行或者权利变动的要件，而非合同的生效要件。[②] 也正因如此，《民法典担保解释》不仅未继续将批准或者登记作为影响对外担保合同效力的因素予以规定，[③] 而且明确规定抵押人以划拨土地上的建筑物抵押或者以划拨土地使用权抵押，当事人均不得以未经批准为由主张抵押合同无效或者未生效。《破产财产批复》的修改以及原《土地使用权解释》第 11 条的删除，亦旨在表达上述思路。

需要说明的是，虽然上述司法解释基于区分原则，没有将批准手续作为转让合同或者抵押合同的生效要件，但只有在当事人已经完成登记手续后，才能认定当事人已经取得相应的物权。也就是说，批准手续虽然不影响合同的效力，但当事人是否办理批准手续，可能会影响登记机构是否办理登记，从而影响到物权的变动。例如，在当事人以划拨方式取得的建设用地使用权抵押的情形下，《民法典担保解释》第 50 条在规

---

① 现行法律、行政法规已经不存在关于合同须经登记才生效的规定，《民法典》第 502 条在列举批准手续的同时，还保留了“等”字，既尊重了当前的实际情况，也为将来的发展留下空间。参见黄薇主编：《中华人民共和国民法典释义（中）》，法律出版社 2020 年版，第 963 页。

② 参见刘贵祥：《论行政审批与合同效力——以外商投资企业股权转让为线索》，载《中国法学》2011 年第 2 期。

③ 《最高人民法院关于适用〈中华人民共和国担保法〉若干问题的解释》第 6 条将“未经国家有关主管部门批准或者登记对外担保”和“未经国家有关主管部门批准或者登记，为境外机构向境内债权人提供担保”订立的担保合同均规定为无效。显然，这一规定不仅未认识到合同无效与未生效的区别，也不符合当前外汇管理的实践，不再适用。

定抵押人不得以未办理批准手续为由主张抵押合同无效或者不生效的同时，亦明确规定只有在已经办理抵押登记的情况下，债权人才能主张行使抵押权。

此外，值得注意的是，在当事人无权处分的情形下，虽然《民法典》亦贯彻区分原则，未再将处分权作为影响买卖合同、抵押合同等原因行为的生效要件，但这并不意味着买卖合同、抵押合同等原因行为有效，且当事人已经交付标的物或者办理登记，物权就一定会发生变动。根据《民法典》第311条的规定，处分权虽然不影响买卖合同的效力，但却会影响物权的变动——在行为人无权处分的情形下，如果行为人事后没有取得处分权或者得到权利人的追认，而受让人也不满足善意取得的条件，则真正权利人有权追回标的物，这就意味着物权没有发生变动。也就是说，合同有效加上交付或者登记，仅仅是物权变动的必要条件，但不是充分条件。物权发生变动，除合同有效并完成公示方式外，还需要行为人有处分权。①

四、违法无效的法律适用

前文述及，法律、行政法规规定合同须经批准才能生效虽然也是法律、行政法规的强制性规定，但在未经批准的情况下，人民法院不能依据《民法典》第153条的规定直接认定合同无效，而只能适用《民法典》第502条认定合同未生效。究其原因，在于法律将批准作为合同的生效要件，系立法者授权审批机关针对具体的特定合同作出行政许可，进而由其决定该合同是否生效，这不同于立法者通过法律、行政法规的强制性规定就行为人能否实施某类法律行为直接作出禁止或者命令。② 问题是，在法律规定当事人从事某一类型的交易需要特定资质或者许可的情况下，如果行为人未通过前置性的审批获得相应的资质或者许可，究竟

① 参见最高人民法院民事审判第二庭：《最高人民法院关于买卖合同司法解释理解与适用》，人民法院出版社2012年版，第69页。

② 参见吴光荣：《行政审批对合同效力的影响：理论与实践》，载《法学家》2013年第1期

是应适用《民法典》第 153 条，还是应适用《民法典》第 502 条？我们认为，《民法典》第 502 条所称批准，针对是具体的特定合同，不包括前置性的审批，因此当事人未通过前置性审批获得从事某类交易所需的资质或者许可，应适用《民法典》第 153 条认定合同效力。[①] 基于此，《最高人民法院关于审理商品房买卖合同纠纷案件适用法律若干问题的解释》（以下简称《商品房买卖合同解释》）第 2 条规定："出卖人未取得商品房预售许可证明，与买受人订立的商品房预售合同，应当认定无效，但是在起诉前取得商品房预售许可证明的，可以认定有效。"再如，《建设工程合同解释》亦将承包人取得相应资质和发包人取得建设工程规划许可证等规划审批手续作为建设工程合同的有效要件，明确规定承包人没有资质或者超越资质订立的建设工程合同和发包人未取得建设工程规划许可证等规划审批手续订立的建设工程合同均无效。不过，值得注意的是，尽管司法解释如此规定，但当事人未取得相应的资质或者许可，是否必然导致合同无效，则不仅涉及到《民法典》第 153 的适用，还涉及到诚信原则的适用。关于这一点，容后详述。

《民法典》第 153 条在规定民事法律行为因违反法律、行政法规的强制性规定而无效的同时，还规定："但是，该强制性规定不导致该民事法律行为无效的除外"。这就给法律适用增加了难度：究竟应当如何判断某一法律、行政法规的强制性规定是否导致民事法律行为无效？显然，《民法典》之所以如此规定，是因为理论界与实务界均认为应严格限制合同无效的范围，不仅要将影响合同效力的强制性规定限制在"法律、行政法规的强制性规定"，而且要将法律、行政法规的强制性规定区分为效力性强制性规定和管理性强制性规定，仅在法律行为违反效力性强制性规定时，才导致民事法律行为无效。问题是，如何区分效力性强制性规定和管理性强制性规定呢？我们认为，之所以要将强制性规定区分为效力性强制性规定和管理性强制性规定，是因为在有些情形下，违法行为对

① 参见吴光荣：《行政审批对合同效力的影响：理论与实践》，载《法学家》2013 年第 1 期。

法秩序的破坏较为轻微，仅须使违反强制性规定的当事人承担公法上的责任（如行政处罚），即可实现该强制性规范的规范目的，而在有些情形下，违法行为对法秩序的破坏较为严重，不仅应使违反强制性规定的当事人承担公法上的责任，而且还应否定当事人实施的民事法律行为的效力，才能实现该强制性规范的规范目的。就此而言，我们在区分效力性强制性规定和管理性规定时，应注意以下几个方面：

其一，将强制性规定区分效力性强制性规定和管理性强制性规定，是针对公法上的强制性规定而言的，因为只有违反公法上的强制性规定，才存在当事人须承担公法责任（管理）问题。当然，私法上也存在强制性规定，但私法上的强制性规定通常是赋权性的规定和强行性的规定，且当事人违反私法上强制性规定的法律后果极为复杂，不能简单评价为合同有效和合同无效。所谓赋权性规定，是指用于判断当事人在私法上是否有权实施某一行为的规定，例如法律关于无权处分、无权代理或者无权代表的规定等；所谓强行性规定，则是相对于任意性规定而言的，前者是指当事人不得以意思表示排除其适用的规定，例如法律关于诉讼时效的规定，后者则是指当事人的意思表示可排除其适用的规定。由于合同法采合同自由原则，故合同法上的多数规定被认为是任意性规定，只有在当事人没有特别约定时，合同法的规定才适用，否则，即应根据当事人的约定来认定当事人之间的权利义务关系，但物权法采物权法定原则，因此物权法上的多数规定被认为是强行性规定，当事人之间关于物权类型或者内容的约定如果违反物权法定原则，即不能发生物权法上的效力，其是否具有合同法上的效力，则取决于是否符合合同的有效要件和特别生效要件。总之，无论是赋权性规定还是强行性规定，《民法典》往往已就当事人违反该规定的法律后果作出明确规定，因而不能通过适用《民法典》第 153 条来认定法律行为的效力。例如，《民法典》已就无权代表的效力认定作出规定，因此，在公司法定代表人违反《公司法》第 16 条未经公司决议越权提供担保的情形下，自应根据《民法典》第 61 条、第 504 条的规定认定担保合同的效力，而不能简单将《公司法》第 16 条认定为效力性强制性规定或者管理性强制性规定，再在此基础上依据《民法典》第 153 条判断违反该规定所订担保合同的效力。为此，《民法典担保解释》延续《九民纪要》的基本思路，就公司法定代表人越权担保的效力认定以及责任归属问题作出了明确规定，以避免司法实践长期陷入效力性强制性规定与管理性强制性规定之争而不能自拔。再如，《民法典》第 399 条规定所有权、使用权不明或者有争议的财产以及依法被查封、扣押、监管的财产均不得抵押。实践中，在当事人以上述标的物进行抵押时，有的法院即以当事人违反法律、行政法规的强制性规定为由认定抵押合同无效。我们认为，《民法典》第 399 条的这两项是赋权性规定：抵押人以所有权、使用权不明或者有争议的财产进行抵押，既可能有权处分，也可能构成无权处分，而无论是有权处分还是无权处分，都不应影响抵押合同的效力，但在抵押人无权处分时，债权人须依据善意取得制度取得抵押权；而在抵押人以依法被查封、扣押、监管的财产进行抵押的场合，仅抵押人对标的物的处分权受到限制，自更不应认定抵押合同无效，在查封、扣押、监管措施解除后，抵押权人即可主张行使权利。此即《民法典担保解释》第 37 条的基本思路。

其二，判断某一公法上的强制性规定究竟是效力性强制性规定还是管理性强制性规定的依据应是该强制性的规范目的。在以往的司法实践中，不少法官直接依据《合同法解释二》第 14 条关于“合同法第五十二条第（五）项规定的‘强制性规定’，是指效力性强制性规定”的规定，即认定某一强制性规定是管理性强制性规定而非效力性强制性规定，这显然是倒果为因的做法，因为将强制性规定区分为效力性强制性规定与管理性强制性规定是法官在对某一强制性规定进行分析后所得到的结果，而非认定规范性质的原因。正因如此，《九民纪要》第 30 条第 2 款明确规定：“人民法院在审理合同纠纷案件时，要依据《民法总则》第 153 条第 1 款和合同法司法解释（二）第 14 条的规定慎重判断‘强制性规定’的性质，特别是要在考量强制性规定所保护的法益类型、违法行为的法律后果以及交易安全保护等因素的基础上认定其性质，并在裁判文书中充分说明理由。”需要说明的是，法官在判断某一强制性规定究竟是管理性强制性规定还是效力性强制性规定时，由于涉及到对强制性规定的规范目的进行认定，必然带有很强烈的价值判断（主观性），因此很难保证裁判的统一性，这在各个国家或者地区都是难以完全避免的。但尽管如此，只要法官在裁判文书中从强制性规定所保护的法益类型、违法行为的法律后果以及交易安全保护等方面进行充分说理，就能在一定程度上形成共识，进而有效防止法官裁量权的滥用。此外，为将已经取得的共识和经验固定下来，并为人民法院审理相关案件提供参考，《九民纪要》第 30 条第 2 款进一步规定：“下列强制性规定，应当认定为‘效力性强制性规定’：强制性规定涉及金融安全、市场秩序、国家宏观政策等公序良俗的；交易标的禁止买卖的，如禁止人体器官、毒品、枪支等买卖；违反特许经营规定的，如场外配资合同；交易方式严重违法的，如违反招投标等竞争性缔约方式订立的合同；交易场所违法的，如在批准的交易场所之外进行期货交易。关于经营范围、交易时间、交易数量等行政管理性质的强制性规定，一般应当认定为‘管理性强制性规定’。

其三，在认定合同因违法无效时，还应当注意与诚实信用原则相协调。前面谈到，当事人如果违反的是法律、行政法规关于前置性审批的规定，则应根据《民法典》第 153 条认定合同效力，且相关司法解释也明确规定当事人未取得相应资质或者许可，所订立的合同应被认定无效，除非当事人在一审法庭辩论终结前取得相应的资质或者许可。问题是，从公法的角度看，取得相应资质或者许可往往是一方当事人的法定义务，若该当事人本可取得相应资质或者许可，但因合同被认定无效对其更加有利而不申请相应资质或者许可，再以没有取得相应资质或者许可为由主张合同无效，就是极其不诚信的行为，法律自无保护的必要。也就是说，诚信原则是民法上的“帝王条款”，应优先得到适用。例如开发商与购房人签订了商品房预售合同，且房屋已经交付适用，后因房屋价格暴涨，开发商遂以自己在订立合同时没有取得商品房预售许可且在一审法庭辩论前仍未取得预售许可为由主张合同无效，并请求购房人返还房屋。

对于此类案件，我们的意见是，人民法院应通过征询房屋管理部门的意见，审查案件是否存在所售房屋为违章建筑等极端情形，从而判断开发商是否有获得预售许可的可能性，如果开发商本可获得预售许可却故意不向房屋管理部门申请预售许可，导致其在一审法庭辩论终结前仍未获得预售许可，则不应支持其诉讼请求。① 类似情形在建设工程合同纠纷案件中也较为常见，为此，《建设工程合同解释一》第 3 条第 1 款在将发包人未取得建设工程规划许可证等规划审批手续作为认定合同无效的依据的同时，于该条第 2 款明确规定："发包人能够办理审批手续而未办理，并以未办理审批手续为由请求确认建设工程施工合同无效的，人民法院不予支持"。在处理商品房买卖合同案件时，亦应类推适用这一规定，对不诚信的开发商进行私法上的制裁。

五、违反规章的合同效力

对合同"违法性"问题的认识，在我国的法治实践中几经变迁。根据《民法通则》第 58 条的规定，违反法律或公共利益的合同无效，但未对"法律"进行界定。司法实践中多从广义的角度理解"法律"，不管合同违反的哪一层级的法律，也不管违反的是什么性质的法律规范，一概认定无效。在一些判决中，甚至将违反一些根本不属于法律范畴的规范性文件的合同都认定为无效。20 世纪 90 年代前后，在诉讼中被人民法院认定无效的合同占很大的比例。有人或许会认为，不管是哪个层级的规定，民事主体都应该予以尊重，如果签订的合同违反了规定，就应该

① 也有观点认为，开发商未取得商品房预售许可却订立商品房预售合同，该合同并非办理批准手续才生效的合同，而是属于违反了管理性强制性规定的合同，开发商自应受到公法的制裁，但合同效力不应受违法性的影响，因此《商品房买卖合同解释》第 2 条应当予以调整（参见王轶：《论商品房预售许可证明对合同效力的影响》，载《比较法研究》2018 年第 6 期）。我们认为，根据《城市房地产开发经营管理条例》第 22 条的规定，开发商预售商品房的条件有四项，而《商品房买卖合同解释》第 2 条仅将商品房预售许可作为影响合同效力的因素，显然是充分考虑了管理性强制性规定和效力性强制性规定的区分。同时，将取得预售许可证明作为预售合同的有效要件，也可以防止当事人就实质违章的建筑签订的预售合同被认定有效，而如果认定法律、行政法规关于预售许可的规定为管理性强制性规定，则这一规范目的可能无法实现。

被认定为无效。这种观点只看到了问题的一方面。问题的另一方面是，一些不诚信守约的当事人，在自己不想履行合同时，往往会从复杂的“规则丛林”中选取一条趁手的规定，主张已经签订的合同因违反了该规定而无效，以达到逃避违约责任的目的。《合同法》充分关注到了实践中的这一现象，故在其第52条第5项中，严格限制了合同因违法而无效的范围，将导致合同无效的强制性规定限制在“法律、行政法规的强制性规定”。据此，《合同法解释一》第4条明确规定：“合同法实施以后，人民法院确认合同无效，应当以全国人大及其常委会制定的法律和国务院制定的行政法规为依据，不得以地方性法规、行政规章为依据。”

需要说明的是，将导致合同无效的强制性规定严格限制在“法律、行政法规的强制性规定”仅仅是限制人民法院以合同违法为由认定合同无效，并不意味着违反地方性法规或者行政规章的合同必然有效。尤其应该看到，《合同法》第52条在规定合同因违法无效的同时，还规定合同因损害社会公共利益而无效，而《民法典》第153条在规定民事法律行为因违法无效的同时，亦规定民事法律行为因违反公序良俗而无效。据此，不少人认为，如果当事人的行为违反地方性法规或者行政规章的强制性规定，虽然不能以违法无效为由认定合同无效，但却可以损害社会公共利益或者违反公序良俗为由认定合同无效。我们认为，这一观点虽然不无道理，但在以损害社会公共利益或者违反公序良俗为由认定合同无效时，仍应十分谨慎，否则，就可能变相扩大违法无效的范围，从而导致民事立法以及相关司法解释严格限制违法无效范围的目的落空。

以借名购房或者借名投资为例，当事人之间签订的借名购房协议或者借名投资协议是否因违反地方政府的房屋限购规定或者金融监管部门的监管规定而无效？实践中，一种意见认为，尽管房屋限购规定和金融监管规定是由地方性法规或者行政规章予以规定，但这些规定涉及到国家对房地产市场的宏观调控和对金融秩序的维护，从而与社会公共利益或者公序良俗有关，故当事人通过借名的方式规避这些规定，必然损害社会公共利益或者违反公序良俗，自应认定借名购房协议或者借名投资协议无效。另一种观点则认为，在讨论借名购房协议或者借名投资协议之前，应先明确借名购房的物权归属和借名投资的股权归属，因为以借名购房为例，尽管此类协议大多约定所购房屋归实际出资人即借名人所有，出名人仅仅是代借名人持有房屋或者股权，但由于《民法典》物权编关于不动产物权变动的规定属于强行性规定，在基于法律行为发生不动产物权变动的情形下，不仅须当事人达成物权变动的合意，而且须办理登记，否则物权不发生变动，因此，如果仅有当事人关于物权归属的约定但因违反限购规定而无法办理登记，则借名人不能取得所购房屋的所有权，并将面临房屋可能被出名人处分等巨大的法律风险，这就意味着限购规定的规范目的已经实现，自无再据此认定当事人之间借名购房协议无效的必要；此外，人民法院不仅要配合政府对房地产市场的管理，也要公平公正地处理当事人之间的权利义务关系，如果认定借名购房协议无效，就可能引发当事人的不诚信行为，例如在房屋价格暴涨的情形下，出名人可能会以协议无效为由拒绝履行合同或者承担其他违约责任，进而获取房屋增值所带来的巨额利益。笔者倾向于同意后一种观点，但必须指出，如果当事人以营利为目的，通过借名购房的方式违反“房住不炒”的政策要求，或者所购房屋属政策性保障住房，则应以违反公序良俗为由认定借名购房协议无效，以全面落实国家对房地产市场的宏观调控。

需要特别指出的是，在当事人为满足生活需要签订的借名购房协议被认定有效且借名人已实际占有使用所购房屋的情形下，如果出名人的其他债权人申请人民法院对房屋强制执行，即使房屋仍登记在出名人名下，借名人也应有权依据《执行异议与复议解释》第28条的规定请求排除强制执行。尽管《执行异议与复议解释》第28条针对的是房屋买卖合同中买受人尚未办理过户手续时能否请求排除强制执行所作的规定，但当事人以借名购房的方式取得房屋占有以及通过以物抵债协议占有房屋，在借名购房协议或者以物抵债协议被认定有效的情形，均属有权占有，且根据“类似情形类似处理”的类推适用规则，自应参照适用《执行异议与复议解释》第28条的规定。道理很简单：同样是因为限购政策的存在，在当事人通过仅签订买卖合同并移转房屋的占有使用但暂时不办理过户手续来解决生活用房的需要时，买受人可以依据《执行异议与复议解释》第28条请求排除强制执行，而如果当事人采用借名购房的方式就否定借名购房协议的效力或者不承认已经合法占有房屋的借名人有权请求排除强制执行，在法理上显然说不过去，也不符合“类似情形类似处理”的公平正义观念。同样的道理，当事人基于有效的以物抵债协议占有房屋与基于有效的买卖合同占有房屋并无实质区别，因此，已经合法占有标的物但未办理登记的债权人请求排除强制执行，也应与已合法占有但未办理登记的买受人一样得到同等对待。实践中之所以就借名购房中的借名人或者以物抵债的债权人能否请求排除强制执行发生争议，一是因为一些人没有认识到能够排除强制执行的民事权利并不限于物权，也包括一些特殊的债权；二是由于没有认识到买受人基于买卖合同占有房屋与借名人基于借名购房协议占有房屋、以物抵债的债权人基于以物抵债协议占有房屋在本质上是相同的，因此《执行异议与复议解释》关于买受人的规定可以类推适用于借名购房中的借名人或者以物抵债的债权人。当然，由于实践中对类似问题存在较大分歧，需尽快通过司法解释或指导性案例统一裁判尺度，此处所述仅为统一裁判尺度提供一个思考视角，不足为据。

此外，根据《最高人民法院关于适用〈中华人民共和国公司法〉若干问题的规定（三）》以及《外商投资企业解释一》的规定，除非符合股权转让的条件，借名投资人不能请求确认其股东地位，这就在一定程度上配合了有关监管规定的实施，因为借名人如果不符合监管规定，就不满足股权转让的条件，亦无法办理股权变更登记，自然会面临巨大的法律风险。在此背景下，是否仍有必要以损害社会公共利益或者违反公序良俗为由否定当事人之间借名投资协议的效力，就应当慎重，因为行政规章是行政机关为实施公共管理而制定的规范性文件，必然与公共利益或多或少地存在着一定的联系，如果仅因行政规章体现了公共利益就将违反规章所订立的合同都以损害社会公共利益或者违反公序良俗认定无效，则我们将导致合同无效的强制性限制在“法律、行政法规的强制性规定”并在此基础上区分管理性强制性规定和效力性强制性规定，就会变得毫无意义。也正因为如此，《九民纪要》第31条指出：“人民法院在认定规章是否涉及公序良俗时，要在考察规范对象基础上，兼顾监管强度、交易安全保护以及社会影响等方面进行慎重考量，并在裁判文书中进行充分说理。”在我们看来，这里的“充分说理”，并非仅指抽象地分析监管规定是否涉及或者体现公共利益或者公共秩序，而是应深入分析监管的目的，进而回答何以仅在当事人之间发生效力的协议会对公共利益或者公共秩序构成冲击。以当事人订立的借名投资协议为例，即使该领域存在“不得代持”的监管规定，也只有在分析完监管机构不仅有必要对公司的持股情况进行监管，也有必要对股东投资入股的资金来源进行监管后，才能以损害社会公共利益或者违反公序良俗为由否定借名投资协议的效力。

六、法律规避与合同效力

无论是在法律、行政法规对交易行为有强制性规定的场合，还是法律、行政法规要求合同必须经批准才生效的场合，甚至在有地方性法规或者行政规章对交易行为有监管规定的场合，都可能发生当事人通过“阴阳合同”或“黑白合同”来规避行政监管。由于《民法通则》《合同法》将“以合法形式掩盖非法目的的”作为认定民事法律行为无效的依据，因此，在以往的司法实践中，无论是当事人为规避法律而订立的以虚假意思表示为内容的“阳合同”或“白合同”，还是体现当事人真实意思表示的“阴合同”或“黑合同”，均被认定无效。

《民法总则》第146条在规定通谋虚伪表示无效的同时，明确规定“以虚假的意思表示隐藏的民事法律行为的效力，依照有关法律规定处理”。这就为处理法律规避行为提供了更加直接的依据。《民法总则》没有继续将“以合法形式掩盖非法目的的”作为认定民事法律行为无效的依据。显然，自《民法总则》施行后，在当事人通过阴阳合同或者黑白合同规避法律时，因“阳合同”或“白合同”是当事人以虚假意思表示实施的行为，故应认定无效，但“阳合同”或“白合同”所隐藏的“阴合同”或“黑合同”，则须依据有关法律处理，而不能简单以当事人系以合法形式掩盖非法目的为由认定“阴合同”或“黑合同”当然无效。问题是，何谓“依据有关法律处理”呢？我们认为，在当事人通过阴阳合同或黑白合同规避法律的情形下，所谓“依据有关法律规定处理”，就是要审查当事人的行为究竟是为了规避何种“法律”：如果当事人所规避的法律是“法律、行政法规的强制性规定”，则应在区分该强制性规定是管理性强制性规定和效力性强制性规定的基础上，通过适用《民法典》第153条来判断“阴合同”或“黑合同”的效力；如果当事人所规避的法律是法律、行政法规关于合同须经审批的规定，则应根据《民法典》第502条认定未经批准的“阴合同”或“黑合同”为未生效合同；如果当事人所规避的法律是地方性法规或者行政规章的强制性规定，则原则上应认定“阴合同”或“黑合同”有效，仅在例外情形下，可以违反公序良俗为由否定合同效力。总之，在《民法总则》施行后，当事人为规避法律而签订的“阳合同”或“白合同”因属虚伪表示而应被认定无效，但被隐藏的“阴合同”或“黑合同”则不能一概认定无效。①

需要说明的是，在处理阴阳合同或者黑白合同的效力问题时，应注意将阴阳合同或黑白合同与合同变更区分开来。对于合同变更，《民法典》继受《合同法》的立场，采合同变更自由原则，即“当事人协商一致，可以变更合同”（第543条）。但值得注意的是，合同变更自由并非没有限制。例如，《招投标法》第46条第1款规定：“招标人和中标人应当自中标通知书发出之日起三十日内，按照招标文件和中标人的投标文件订立书面合同。招标人和中标人不得再行订立背离合同实质性内容的

① 在“阴合同”和“阳合同”均被认定无效的情形下，究竟是以哪一个合同作为处理合同无效的法律后果的事实依据，存在不同的意见。笔者认为，在“阴合同”和“阳合同”均被认定无效的情形下，原则上应以体现当事人真实意思的“阴合同”作为处理合同无效的法律后果的事实依据，但法律、司法解释另有特别规定时，应当适用特别规定。

其他协议。”可见，一旦当事人通过招投标的方式签订了中标合同，就不能再对中标合同进行实质性变更。之所以如此，是因为立法者担心当事人通过合同变更架空招投标法的实施，进而违背招投标活动的“公开、公平、公正和诚实信用的原则”（《招投标法》第 5 条）。也正因如此，《建设工程合同解释一》第 2 条第 1 款规定：“招标人和中标人另行签订的建设工程施工合同约定的工程范围、建设工期、工程质量、工程价款等实质性内容，与中标合同不一致，一方当事人请求按照中标合同确定权利义务的，人民法院应予支持。”需要指出的是，人民法院依据中标合同确定当事人之间的权利义务，必须以中标合同是当事人真实意思表示且合法有效为前提，如果中标合同是当事人虚伪表示订立的合同或者存在其他合同无效的情形，则不能依据中标合同确定当事人之间的权利义务关系，否则就可能导致恶意主张依据中标合同确定当事人权利义务关系的一方受到保护，从而有违诚信原则。也就是说，尽管通过合同变更架空《招投标法》也属于当事人规避法律的情形之一，但与阴阳合同或黑白合同不同的是，在阴阳合同或黑白合同中，当事人是通过一个虚伪意思表示订立的合同来隐藏真实意思表示订立的合同，而合同变更则是通过对一个有效合同进行变更来实现规避法律的目的，二者不可同日而语。[①] 在阴阳合同或黑白合同的情况下，自应适用《民法典》第 146 条来认定各合同的效力。

当然，《民法典》第 146 条并不仅仅为认定阴阳合同或者黑白合同的效力提供了依据，也为无效合同的转换提供了依据。例如，在实践中，有些当事人名义上签订的是房屋买卖合同或股权转让合同，但真实意思是为债权债务提供担保。对此，《九民纪要》第 71 条采取无效合同转换

---

① 与此类似的是，《民法典》第 146 条规定的通谋虚伪表示与《民法典》第 154 条规定的恶意串通也有如下不同：通谋虚伪表示无效是因为法律行为欠缺真实意思表示，而恶意串通无效则是存在真实意思表示，只不过该意思表示损害到他人的合法权益（参见韩世远：《虚假表示与恶意串通问题研究》，载《法律适用》2017 年第 17 期）。在行为人无权处分场合，如果有证据证明相对人系与行为人恶意串通，则应根据《民法典》第 154 条认定买卖合同、抵押合同等原因行为无效，以免对恶意的相对人进行法律保护。

的思路，认为当事人之间订立的买卖合同或股权转让协议因系当事人之间的虚伪意思表示而无效，债权人不能据此请求确认房屋所有权或者股权，但当事人提供担保的意思表示是真实的，在符合抵押权或者质权设立条件的情形下，债权人有权请求参照法律关于担保物权的规定对财产拍卖、变卖、折价优先偿还其债权。与这一思路相同，《民法典》第401、428条对《物权法》关于禁止流押或者流质契约的规定进行了重大修改，规定当事人约定流押、流质条款的，债权人不能直接获得担保财产的所有权，而只能依法就担保财产优先受偿，从而既坚持了禁止流押、流质的基本法理，又为实现让与担保制度的核心功能铺平了道路。据此，《民法典担保解释》第68条将当事人之间关于让与担保的约定区分为三种情形，并分别就让与担保合同的效力进行了明确规定：第一种情形是债务人或者第三人虽然将财产形式上转移至债权人名下，但约定在债务人不履行到期债务时，债权人仅有权对财产折价或者以拍卖、变卖该财产所得价款偿还债务，此时因不存在流押或者流质问题，故人民法院应当认定该约定有效，且如果当事人已经完成财产权利变动的公示，债权人即可请求参照民法典关于担保物权的有关规定就该财产优先受偿；第二种情形是债务人或者第三人将财产形式上转移至债权人名下，约定债务人不履行到期债务，财产归债权人所有，这就涉嫌流押或流质，故人民法院应当认定该约定无效，即使当事人已经完成财产权利变动的公示，债权人请求确认对该财产享有所有权的，人民法院不予支持，但是该约定无效不影响当事人有关提供担保的意思表示的效力，如果当事人已经完成财产权利变动的公示，债权人即可请求参照民法典关于担保物权的规定对财产折价或者以拍卖、变卖该财产所得的价款优先受偿；第三种情形是债务人与债权人约定将财产转移至债权人名下，在一定期间后再由债务人或者其指定的第三人以交易本金加上溢价款回购，如果回购对象自始不存在，则人民法院应当依照《民法典》第146条第2款的规定，按照其实际构成的法律关系处理。

七、结语

合同效力的认定既关系到私法自治的落实，也关系到国家管制的实现，因而极具复杂性。此外，《民法典》在以总则编调整法律行为的同时，又以独立的合同编调整合同行为，这也在一定程度上增大了法律适用的难度。《民法典》施行后，最高人民法院废止了《民通意见》《合同法解释一》《合同法解释二》，但未同时发布新的司法解释，也是充分考虑到个中问题纷繁复杂，需要时间作更深入的研究，其中就包括合同效力的认定问题。本文旨在抛砖引玉，如有不妥，还请方家不吝赐教。我们相信，在理论界与实务界的共同努力下，一定能够将《民法典》关于合同效力的规定全面而准确地实施于司法实践。

【最高人民法院案例与解析】

抵押权是否及于抵押财产被保全查封后租金的认定问题

——上海汉中皇国际物业管理有限公司与平安银行股份有限公司上海分行等执行复议案

邵长茂* 薛圣海**

【裁判要旨】

抵押权人因债务人不履行到期债务而提起诉讼，在诉讼阶段申请保全查封了债务人之外的抵押人的抵押财产，之后又申请保全抵押财产自查封之日起的租金的，人民法院应予支持。

一、基本案情

复议申请人（被保全人）：上海汉中皇国际物业管理有限公司（以下简称汉中皇公司）。

申请保全人：平安银行股份有限公司上海分行（以下简称平安银行）。

被保全人：宁夏盛世荣华投资管理有限公司（以下简称盛世荣华公

* 最高人民法院执行局综合办公室主任。
** 最高人民法院执行局综合办公室副主任。

司)。

被保全人：上海阜兴实业集团有限公司。

被保全人：何某。

被保全人：朱某。

被保全人：浦江国际大酒店有限公司。

被保全人：宁夏恒福川贸易有限公司。

被保全人：陈某甲。

被保全人：叶某。

被保全人：陈某乙。

2018年7月2日，在上海市高级人民法院（以下简称上海高院）(2018) 沪民初38号案（以下简称38号案）审理过程中，依据平安银行申请，该院作出民事裁定，冻结盛世荣华公司、上海阜兴实业集团有限公司、何某、朱某、汉中皇公司等名下共计634560788.63元的银行存款，或查封、扣押其他等值财产。同年7月6日，该院向上海市长宁区不动产登记事务中心发出协助执行通知书，查封江苏路40号房产（以下简称系争房产)，并标明“已抵押平安银行上海分行”。

2018年11月11日，平安银行向上海高院提交财产保全申请书，要求冻结汉中皇公司对系争房产的租金债权。11月24日，汉中皇公司向该院提出租金保全异议，以过度保全、汉中皇公司系被骗才提供担保、上海韩匠摄影有限公司（以下简称韩匠公司）借机不付租金等为由，要求不允许平安银行的保全申请。

2019年1月4日，就汉中皇公司起诉韩匠公司房屋租赁合同纠纷一案，要求解除租赁合同、韩匠公司返还系争房产并支付违约金、租金、使用费等，上海市长宁区人民法院（以下简称长宁法院）所立案号为(2019) 沪0105民初498号（以下简称498号案）。

498号案审理中，平安银行以自己对该案诉讼标的有独立请求权为由，起诉要求参加诉讼。长宁法院认为该案系出租人主张租金与违约责任的房屋租赁合同，平安银行与汉中皇公司借贷纠纷尚在处理中，汉中皇公司是否以系争房产向平安银行承担抵押担保责任待定，作出（2019）沪 0105 民初 498 号之二民事裁定，不予受理平安银行的起诉。上海市第一中级人民法院（以下简称上海一中院）作出（2019）沪 01 民终 6204 号民事裁定，维持原裁定。之后，韩匠公司将 2018 年 11 月至 2019 年 12 月租金约 1118 万元汇至长宁法院代管款账户。2019 年 12 月 16 日，上海高院向长宁法院发出（2018）沪民初 38 号-2 协助执行通知书，明确依据 38 号案民事裁定书，已经查封了系争房产。鉴于该房产抵押权人为平安银行，租赁人韩匠公司将查封期间租金支付至长宁法院，依据《中华人民共和国物权法》（以下简称《物权法》）第 197 条[①]、《中华人民共和国民事诉讼法》（2017 年修正，以下简称《民事诉讼法》）第 242 条[②]规定，要求长宁法院暂缓向汉中皇公司发还租金。同年 12 月 30 日，该院以韩匠公司租金已付，上海高院协助执行通知书要求暂缓向汉中皇公司发还等理由，判决驳回汉中皇公司全部诉请。汉中皇公司向上海一中院提起上诉。2020 年 8 月 3 日，上海一中院作出（2020）沪 01 民终 2516 号民事判决（以下简称 2516 号案），驳回上诉，维持原判，并强调在抵押权确认之前，“韩匠公司向汉中皇公司支付租金，将构成侵害平安银行的权利，并承担相应责任，为了避免新的纠纷产生，韩匠公司已将 2018 年 11 月至 2019 年 12 月的租金付至一审法院代管款账户”。

另外，主债权和抵押权纠纷即 38 号案截至复议裁定作出之日还在审理中。

异议人汉中皇公司要求撤销上海高院（2018）沪民初 38 号-2 协助执行通知书，事实和理由如下。一是超标的查封。依据《最高人民法院关于人民法院民事执行中查封、扣押、冻结财产的规定》（以下简称《查封规定》）第 21 条[③]关于不得超标的查封规定，因上海高院于 38 号案中，查封汉中皇公司提供抵押担保的房产及其他价值人民币 10 亿元（以

---

① 现为《民法典》第 412 条，下同。

② 现为 2021 年修正的《民事诉讼法》第 249 条，下同。

③ 现为 2020 年修正的《查封规定》第 19 条，下同。

下币种同）房产，远超该案6.34余亿元的诉讼标的。之前平安银行曾要求补充查封系争房产租金，上海高院未予允许，现又以协助执行通知书暂缓发放该租金作为抵押担保财物，超出抵押担保限额及范围，属超标的查封。二是平安银行无权收取系争房产租金。长宁法院驳回平安银行参与汉中皇公司与韩匠公司房屋租赁合同案的诉请等情况，已明确系争房产承担对平安银行的抵押担保责任待定，收取租金更无依据。三是平安银行涉嫌向盛世荣华公司虚假放贷，有盛世荣华公司的实际控制人朱某在检察机关交代材料为证。四是查封房产裁定效力不及于租金。依据《查封规定》第22条①关于查扣效力及于查扣的从物和天然孳息的规定，因租金系法定孳息，上海高院依据38号案房产查封裁定发出协助执行通知书，要求暂缓发还租金，不符合法律规定。五是协助执行通知书不能替代执行裁定查封租金，不符合法律规定，不具有查封租金裁定的效力。汉中皇公司还提及上海高院没有将协助执行通知书送达汉中皇公司，仅授意长宁法院口头告知，既违反法律规定，也变相剥夺了汉中皇公司申请复议的诉讼权利。另提及韩匠公司以该协助通知书为由拒绝依约支付租金，汉中皇公司员工与业主失去生活来源等。

二、异议审查情况

上海高院认为，汉中皇公司的异议对象是，该院发出（2018）沪民初38号-2协助执行通知书，要求长宁法院暂缓发放韩匠公司付至长宁法院的租金之执行行为，主要理由是上海高院已查封包括系争房产在内的巨额财产，再冻结租金，属超标的采取执行措施，损害其实体权利；冻结房租是于38号案裁定保全6.34余亿元财产后，再保全其他财产的另一保全措施，仅以协助执行通知书实施冻结违反法律规定，损害其程序权利。平安银行答辩称，38号案裁定明确了查封系争房产，该行对系争房产租金享有优先受偿权的条件成就，出具协助执行通知书暂缓发还租金

① 现为2020年修正的《查封规定》第20条，下同。

是38号案裁定的后续，并未违反法律规定。且依据《物权法》第197条，平安银行因享有系争房产的抵押权，对租金也有优先受偿权。

就本案是否存在超标的保全、是否保全程序错误分析如下。

首先，关于是否超标的查封。汉中皇公司主张前期上海高院已经保全了足够财产，再要求长宁法院暂缓发还租金会导致超越保全标的。但是之前保全财产除汉中皇公司名下的系争房产外，还涉及多家公司和自然人名下的机动车、房产、股权、在建工程，等等，且遍布全国多地，而汉中皇公司对于查封各项财产的具体状况以及对应的具体可确定金额情况，均没有向法院提供证明超标的查封的相关证据。而且其主张因租金暂缓发放直接导致超标的保全，该项租金与超标的保全间的因果关系，也没有提供相关证据。该院对此项超标的的主张不予认可。

其次，关于冻结租金的合法性。其一，审理中，就汉中皇公司是否需承担抵押担保责任没有确定。依据《物权法》第197条“债务人不履行到期债务或者发生当事人约定的实现抵押权的情形，致使抵押财产被人民法院依法扣押的，自扣押之日起抵押权人有权收取该抵押财产的天然孳息或者法定孳息”规定，系争房产租金作为法定孳息亦是38号案中争议标的，韩匠公司与汉中皇公司租赁纠纷二审判决书中提及的财产，属于《民事诉讼法》第102条①规定的可保全财物范围。另外，诚如2516号案判决中提及韩匠公司向长宁法院而不是汉中皇公司支付租金，是为避免侵害平安银行等新的纠纷的产生，上海高院协助执行通知书要求该院暂缓发放亦有此意。

其二，上海高院向长宁法院发出协助执行通知书，明确其是依据38号案保全裁定就被查封系争房产后产生的租金，暂缓向汉中皇公司发放。38号案保全裁定书中已提及的“冻结被申请人宁夏盛世荣华投资管理有限公司、上海阜兴实业集团有限公司、何某、朱某、上海汉中皇国际物业管理有限公司等名下共计人民币634560788.63元的银行存款，或查封、

① 现为2021年修正的《民事诉讼法》第105条，下同。

扣押其他等值财产"的表述，没有排除系争房产查封后产生的租金。按照平安银行提供的财产线索，上海高院通过协助执行通知书要求长宁法院暂缓发放租金，是在38号案保全裁定项下，采取的持续性执行措施，就此再作出单独裁定，没有法律依据。

至于汉中皇公司主张依据《查封规定》第22条关于查扣效力及于查扣的从物和天然孳息的规定，因租金系法定孳息，汉中皇公司主张上海高院依据38号案裁定发出协助执行通知书，要求暂缓发还已被查封房产的租金，于法相悖。如前所述，该协助执行通知书是38号案裁定的延续，该裁定指向的38号案案涉当事人的名下财产，不专指汉中皇公司名下的系争房产，也涉及该房产产生的租金，没有《查封规定》第22条适用的余地。

其三，诉讼保全的制度目的在于保障生效判决的执行。上海高院依据平安银行的申请，依其提供的498号案中韩匠公司向长宁法院交付系争房产租金约1118万元情况，通过协助执行通知书要求长宁法院暂缓向汉中皇公司发放，系为保障生效判决的执行采取的具体诉讼保全措施。而长宁法院驳回平安银行参与汉中皇公司诉韩匠公司房屋租赁合同纠纷案的诉请，是从诉讼主体资格方面的考量，不能作为否定该房产租金诉讼保全的依据。

另外，处理韩匠公司与汉中皇公司租赁纠纷的498号案审理过程中，韩匠公司将系争租金支付长宁法院代管款账户。鉴于系争租金已由长宁法院保管，并不属于韩匠公司未向汉中皇公司支付的到期债权，上海高院据此向保管该款项的长宁法院发出协助执行通知书，要求其协助暂缓发放，并无不当。汉中皇公司知晓后就此向上海高院提出执行异议，其诉讼权利并未被剥夺。据此，2020年9月7日，上海高院作出（2020）沪执异1号执行裁定（以下简称第1号裁定），裁定驳回汉中皇公司的异议请求。

三、汉中皇公司的复议申请

汉中皇公司不服，向最高人民法院提出复议，请求：（1）撤销上海高院第1号裁定；(2)撤销上海高院（2018）沪民初38号-2协助执行通知书；(3)确认被查封的抵押担保房产租金属汉中皇公司所有财产，不是平安银行可得或应得财产；平安银行无权根据《物权法》第197条收取被查封房产租金，既不能作为抵押担保财产申请查封，更不能作为平安银行可得或应得财产申请查封。事实和理由如下。

第一，上海高院协助执行通知书、执行异议裁定书认为被查封抵押担保物租金属于平安银行可得或应得财产，平安银行有权申请查封，法律适用错误。(1)根据《担保法》第33条，抵押权属于非占有担保物权，抵押人有权继续占有、使用并获得抵押担保物收益；根据《民事诉讼法》第100条，诉讼保全意义上的查封仅系程序性强制措施，不具有改变抵押权及非占有性担保物权法定性质的效力。(2)汉中皇公司作为抵押人，有权占有、使用并获得抵押担保物收益，被查封房产租金系汉中皇公司所有财产，不是平安银行所有的财产。平安银行作为债权人及抵押权人，收取抵押担保房产租金前提是债权及抵押权必须经生效裁判确定。根据《民法典》第240条、第394条，《担保法》第33条及最高人民法院等全国各地法院类案判例，上海高院协助执行通知书认为被查封抵押担保房产租金属于平安银行可得或应得财产，与类案判例相悖。(3)被查封房产租金是否平安银行所有财产，是否有权根据《物权法》第197条主张及收取租金，系本案协助执行通知书是否合法有效的基本法律适用问题。若被查封房产租金不属于平安银行可得或应得财产，平安银行无权主张及收取，更无权申请查封。即便平安银行债权及抵押权得到生效裁判确认，平安银行也仅能主张生效裁判之日起被查封租金，不能主张裁判生效前被查封期间租金，不存在上海高院协助执行通知书认为的发还租金可能损害平安银行利益问题。(4)2018年11月，平安银行以《物权法》第197条为据，申请上海高院补充裁定查封案涉租金，上海高院经审理不予准允。2019年1月，平安银行又以《物权法》第197条为据，申请参加长宁法院受理的汉中皇公司诉韩匠公司拖欠租金案，主张收取案涉租金。2019年2月，长宁法院以“平安银行债权不明确，汉中皇公司抵押担保责任待定”为由，裁定驳回平安银行诉讼请求。2019 年 5 月，上海一中院驳回平安银行上诉，维持原判。表明上海高院、上海一中院、长宁法院对被查封期间抵押担保财产租金不是平安银行可得或应得财产，对《物权法》第 197 条的理解及适用，曾与最高人民法院等类案判例一致。（5）2019 年 12 月，上海高院协助执行通知书认为根据《物权法》第 197 条，被查封房产租金属于平安银行可得或应得财产，要求长宁法院暂缓发还汉中皇公司租金，导致长宁法院改变已生效裁定对《物权法》第 197 条理解及适用，以平安银行有权主张及收取租金为由，判决驳回汉中皇公司收取被拖欠租金诉讼请求，导致上海一中院二审作出与长宁法院相同判决，并认为发还汉中皇公司租金将侵害平安银行合法权益。汉中皇公司已提出再审申请，上海高院已立案受理。（6）上海高院在审理执行异议期间，已意识到被查封房产租金是否是平安银行可得或应得财产之问题，要求汉中皇公司代理人检索类案判例。根据最高人民法院等类案判例，上海高院应知平安银行无权主张被查封期间抵押担保房产租金，却对汉中皇公司提出的类案判例检索意见没有作出回应及说明，仍作出与最高人民法院判例法律适用相悖的执行异议裁定。（7）至于平安银行诉盛世荣华公司 6.3 亿余元贷款债权及抵押权是否待定问题，上海银保监局已连续披露平安银行该贷款存在“贷前调查不尽职、贷后管理不到位”等问题，长宁法院裁定认为平安银行债权及抵押权待定，事出有因、查有实据。

第二，上海高院协助执行通知书、执行异议裁定书认为平安银行已在上海高院贷款案向汉中皇公司提出收取被查封房屋租金诉讼请求，因此平安银行有权申请查封租金，既不符合事实，又没有法律依据。（1）案涉租金不是平安银行可得或应得财产。平安银行作为上海高院贷款案原告，诉讼请求借款人归还 6.3 亿余元贷款、抵押担保人履行抵押担保责任，没有诉讼请求汉中皇公司支付平安银行租金。2018 年 10 月，上海高院开庭审理此案，平安银行亦没有在庭审中主张及举证收取租金。（2）如平安银行已在上海高院贷款案提出收取租金诉讼请求，不应及没有必要在

2019年1月又要求参加长宁法院受理的汉中皇公司诉韩匠公司拖欠租金案及主张收取租金。(3)平安银行是基于抵押担保财产，还是基于案涉租金系平安银行所有财产申请查封租金，无论平安银行还是上海高院协助执行通知书、执行异议裁定均没有明确清晰说法。上海高院执行异议裁定不应将平安银行超范围申请查封抵押担保财产，作为基于收取租金诉讼请求申请查封。

第三，上海高院执行异议裁定认为因没有足额查封到其他抵押担保人财产，平安银行可以再申请查封汉中皇公司房产租金，没有事实及法律依据。(1)平安银行在上海高院贷款案申请补充查封租金，仅能认为是将租金作为增加的抵押担保财产申请查封。鉴于上海高院已查封汉中皇公司提供的抵押担保房产，再查封租金则属超范围查封。根据最高人民法院类案判例，查封抵押物，应以抵押担保合同约定提供的抵押财产为限，不能超范围查封。(2)根据汉中皇公司与平安银行签署的抵押担保合同，汉中皇公司以名下系争房产作价1.6亿元提供抵押担保，并没有以汉中皇公司名下所有财产提供抵押担保。上海高院已查封汉中皇公司抵押担保房产，不得再查封汉中皇公司名下其他财产。(3)案涉房产租金属于汉中皇公司所有的其他财产，平安银行申请补充查封租金，属于超范围申请，上海高院协助执行通知书指令长宁法院暂缓发还汉中皇公司租金，属于变相查封及超范围查封。将汉中皇公司抵押担保财产扩大至抵押担保合同约定之外其他财产，损害汉中皇公司合法权益。(4)《查封规定》第22条规定："查封、扣押的效力及于查封、扣押物的从物和天然孳息。"租金系法定孳息，不是天然孳息。查封房产裁定效力不及于法定孳息租金。上海高院执行异议裁定书认为查封房产裁定效力可延续至租金，与最高人民法院前述规定相悖。(5)是否足额查封其他抵押担保人财产，不应成为可以超范围查封汉中皇公司财产的依据及理由。上海高院没有查封到其他抵押担保人提供的抵押担保财产，证明平安银行涉案贷款存在严重的贷前调查不尽职或严重失职问题，汉中皇公司没有义务以名下其他财产为涉案贷款提供抵押担保。

第四，上海高院执行异议裁定以基层法院意见为由，作为维持协助执行通知书的依据，既不符合事实，又违反法律规定。

四、最高人民法院审查意见

最高人民法院认为，本案争议焦点是平安银行享有的抵押权是否及于案涉租金。《民事诉讼法》第 225 条规定，当事人、利害关系人认为执行行为违反法律规定的，可以向负责执行的人民法院提出书面异议。本案争议的执行行为系上海高院（2018）沪民初 38 号-2 协助执行通知书，该行为发生于 2019 年 12 月，效果持续至今。该行为合法与否，需要依据当时施行的法律和现行法律进行审查判断。争议执行行为作出时仍在施行的《物权法》第 197 条第一款规定："债务人不履行到期债务或者发生当事人约定的实现抵押权的情形，致使抵押财产被人民法院依法扣押的，自扣押之日起抵押权人有权收取该抵押财产的天然孳息或者法定孳息，但抵押权人未通知应当清偿法定孳息的义务人的除外。" 2021 年 1 月 1 日起，《民法典》施行，《物权法》同时废止。《民法典》第 412 条规定："债务人不履行到期债务或者发生当事人约定的实现抵押权的情形，致使抵押财产被人民法院依法扣押的，自扣押之日起，抵押权人有权收取该抵押财产的天然孳息或者法定孳息，但是抵押权人未通知应当清偿法定孳息义务人的除外。" 该规定与《物权法》第 197 条确定的规则完全一致。本案中，平安银行已经在上海高院提起诉讼，要求主债务人清偿主债务，要求担保人承担担保责任，包括要求汉中皇公司就其抵押财产承担抵押担保责任。虽然汉中皇公司对平安银行的主债权和抵押权是否有效均提出了质疑，平安银行的相关诉讼请求亦未经人民法院生效判决确认，但至少证明债权人认为债务人不履行到期债务、抵押权已经到期，存在实现抵押权以担保主债权实现的现实必要，汉中皇公司亦未提交证明债务人已经履行到期债务的证据。同时，基于债权人平安银行的申请，上海高院已于 2018 年 7 月保全查封了抵押财产即系争房产。租金属于系争房产的法定孳息。韩匠公司向长宁法院代管款账户汇入的租金系 2018

年11月至2019年12月的租金，该租金的形成时间晚于上海高院的查封日期。因此，本案中，平安银行作为抵押权人，一旦其权利经过生效判决确认，其享有的抵押权将及于抵押财产自2018年7月之后产生的法定孳息，包括韩匠公司向长宁法院代管款账户汇入的租金。在平安银行的相关权利未经生效裁判确认之前，法院根据平安银行的诉讼保全申请，依据保全汉中皇公司名下财产的保全裁定，向长宁法院发出协助执行通知书，对韩匠公司汇入的2018年7月之后的案涉租金予以保全，避免将来租金流失影响生效判决执行，符合诉讼保全的立法本意，也符合《物权法》第197条和《民法典》第412条的规定。汉中皇公司主张系争房产作价1.6亿元提供抵押担保，其主张的系争房产价值加上案涉租金，远低于本案634560788.63元的财产保全范围。其他保全财产涉及多家公司和自然人名下的机动车、房产、股权、在建工程等，汉中皇公司亦未提供证据证明其他保全财产的具体价值以及全部保全财产的价值总额超过财产保全范围。因此，复议申请人汉中皇公司关于平安银行作为债权人以及抵押权人收取租金的前提是债权及抵押权必须经生效裁判确定和认为租金属于抵押财产之外的其他财产、法院对租金债权的查封属于超标的查封等主张，缺乏事实和法律依据，法院不予支持。

综上，汉中皇公司的复议理由不能成立，上海高院第1号裁定认定事实清楚，适用法律正确，应予维持。最高人民法院于2021年3月31日作出（2020）最高法执复169号执行裁定，驳回汉中皇公司的复议请求，维持上海高院第1号裁定。

五、评析意见

本案核心争议是平安银行享有的抵押权是否及于案涉租金。这个核心争议涉及两个关键争议，分别包括：一是《民法典》第412条的“扣押”是否包括对不动产的“查封”；二是《民法典》第412条的“扣押”是否包括诉讼保全阶段的“扣押”。从这两个层面对裁判理由作进一步说明。

(一)《民法典》第 412 条的“扣押”是否包括对不动产的“查封”

一方面，从概念的演绎角度分析，《民法典》第 412 条的“扣押”应当包括对不动产的“查封”。《民法典》共有五个条文用到了“扣押”，分别是第 399 条、第 412 条、第 423 条、第 724 条和第 496 条，其中第 412 条和第 896 条单独使用了“扣押”，其余三个条文均使用了“查封、扣押”。从字面理解，似乎《民法典》第 412 条单独使用“扣押”，有别于“查封、扣押”的特殊含义，但实则不然。“查封”和“扣押”，主要源于《民事诉讼法》及相关司法解释有关执行措施的规定。《民法典》有关查封和扣押的概念内涵，应该遵从民事执行的相关法律及司法解释的规定。1998 年开始施行的《最高人民法院关于人民法院执行工作若干问题的规定（试行）》（以下简称《执行工作规定》）对“查封”和“扣押”作了区别，第 41 条规定：“对动产的查封，应当采取加贴封条的方式。不便加贴封条的，应当张贴公告。”第 42 条规定：“被查封的财产，可以指令由被执行人负责保管。如继续使用被查封的财产对其价值无重大影响，可以允许被执行人继续使用。因被执行人保管或使用的过错造成的损失，由被执行人承担。”第 43 条规定：“被扣押的财产，人民法院可以自行保管，也可以委托其他单位或个人保管。对扣押的财产，保管人不得使用。”根据上述规定，“扣押”一般适用于剥夺被执行人对扣押物占有的情形，而“查封”一般适用于不剥夺被执行人对查封物占有的情形。2005 年施行的《查封规定》，规定了财产的查封、扣押和保管方法，不再强调“扣押”和“查封”的上述区别。根据《查封规定》的相关条文，2021 年 1 月施行的《最高人民法院关于修改〈最高人民法院关于人民法院扣押铁路运输货物若干问题的规定〉等十八件执行类司法解释的决定》，删除了《执行工作规定》的上述三个条文，亦不再强调“扣押”和“查封”的区别。因此，虽然《民法典》第 412 条仅规定了“扣押”，没有使用“查封、扣押”的表述，但亦不必再强调其仅适用于剥夺被执行人对扣押物占有的情形，该规定可以适用于不剥夺被执行人对扣押物占有的情形，包括查封不动产并允许被执行人继续使用的情形。

另一方面，从实践适用角度分析，《民法典》第412条的“扣押”应当包括对不动产的“查封”。实践中，不动产抵押普遍存在。根据《最高人民法院关于人民法院民事执行中查封、扣押、冻结财产的规定》（2020年修正，以下简称2020年《查封规定》）第7条“查封不动产的，人民法院应当张贴封条或者公告，并可以提取保存有关财产权证照”，对于不动产的查封，原则上不剥夺被执行人对查封财产的占有。因此，如果将《民法典》第412条的“扣押”限定为仅适用于剥夺被执行人占有的情形，可能会将实践中普遍存在的不动产抵押排除在该条的适用范围之外，有违立法本意。此外，2020年《查封规定》第10条第2款规定：“由人民法院指定被执行人保管的财产，如果继续使用对该财产的价值无重大影响，可以允许被执行人继续使用；由人民法院保管或者委托第三人、申请执行人保管的，保管人不得使用。”根据该规定，剥夺被执行人占有的查封、扣押财产，保管人不得使用，包括不得出租。因此，如果将《民法典》第412条的“扣押”限定于剥夺被执行人占有的情形，在“扣押”之后，基本上不会存在租金这种法定孳息，该条几乎没有实际适用的可能，显然也违背了该条的立法本意。

（二）《民法典》第412条的“扣押”是否包括诉讼保全阶段的“扣押”

一方面，从文义解释角度分析，应该包括诉讼保全阶段的“扣押”措施。人民法院在终局执行和保全执行中，都会采取查封、扣押、冻结措施。《民法典》对这两种措施在概念上作了区别。《民法典》第537条规定：“人民法院认定代位权成立的，由债务人的相对人向债权人履行义务，债权人接受履行后，债权人与债务人、债务人与相对人之间相应的权利义务终止。债务人对相对人的债权或者与该债权有关的从权利被采取保全、执行措施，或者债务人破产的，依照相关法律的规定处理。”第

596条规定："第三人对保管物主张权利的，除依法对保管物采取保全或者执行措施外，保管人应当履行向寄存人返还保管物的义务。"根据上述条文的概念划分，人民法院在终局执行中采取的查封、扣押措施属于执行措施，人民法院在保全执行中采取的查封、扣押措施属于保全措施。但《民法典》第412条规定并未将"被人民法院依法扣押"限定为执行措施，并没有明确排除保全措施。因此，在适用中，应该将该规定的"扣押"理解为既包括执行措施，也包括保全措施。

另一方面，从对立法目的解释角度分析，应该包括诉讼保全阶段的"扣押"措施。《民法典》第412条源自《物权法》第197条。该规定的立法目的之一是避免抵押人为收取孳息而拖延处理抵押财产，避免抵押财产在被扣押后价值减损，充分发挥抵押财产担保债权受偿的功能，进一步保护抵押权人的利益。抵押权是一种非占有的担保，法定孳息的归属应该在保护抵押权人和保护所有权人、占有人之间实现平衡。当抵押权人因为债务人不履行到期债务或者发生当事人约定的实现抵押权情形，通过提起诉讼的方式积极维护自身合法权益的时候，有必要尽快实现抵押权以保护抵押权人的利益。《民事诉讼法》第100条第1款规定："人民法院对于可能因当事人一方的行为或者其他原因，使判决难以执行或者造成当事人其他损害的案件，根据对方当事人的申请，可以裁定对其财产进行保全、责令其作出一定行为或者禁止其作出一定行为。"根据该规定，当抵押权人认为可能因抵押人的行为使判决难以执行或者造成抵押权人其他损害而申请对抵押财产采取保全措施，并得到人民法院准许进而实际采取保全措施的时候，尽快实现抵押权以保护抵押权人的利益存在紧迫性。而且，抵押人将抵押财产出租并获得租金，这些租金本身属于抵押财产价值的一部分，在抵押权可能遭受侵害的情况下，允许抵押人获得租金并将租金排除在抵押权效力之外，必然会导致抵押财产价值的减少，损害抵押权人的合法权益。当实现抵押权的条件成就时，作为诚实守信的抵押人，应当尽快变现抵押财产用以清偿债务；如果抵押财产已经出租的，应当终止租赁或者将租赁权移交给抵押财产的买受人，总之，不宜继续收取租金，降低抵押财产的价值。因此，在人民法院应抵押权人的申请保全扣押抵押财产后，将抵押财产的租金等法定孳息收归抵押权人所有，有利于平衡保护抵押权人和抵押人的合法权益，有利于抵押财产担保功能的充分发挥，与《民法典》第 412 条的立法目的相契合。

【地方法院案例与解析】

执行外和解协议部分履行能否阻却执行问题解析

——中国能源建设集团黑龙江省火电第一工程有限公司与新疆神火煤电有限公司承揽合同执行监督案评析

郭 莉*

【裁判要旨】

执行依据发生法律效力后、尚未进入执行程序前，当事人签订的协议书属双方自行约定，不能当然发生阻却执行的效果。债务人未按协议约定履行全部付款义务，债权人有权按照执行依据确定的债务数额申请执行剩余案款本息。

一、案件基本情况

申请执行人：中国能源建设集团黑龙江省火电第一工程有限公司。

被执行人（申诉人）：新疆神火煤电有限公司。

中国能源建设集团黑龙江省火电第一工程有限公司（以下简称黑火公司）与新疆神火煤电有限公司（以下简称神火公司）承揽合同纠纷一案，最高人民法院（2019）最高法民终1878号民事判决书、新疆维吾尔

* 新疆维吾尔自治区高级人民法院执行局员额法官。

自治区高级人民法院（2016）新民初47号民事判决书发生法律效力后，黑火公司与神火公司于2020年3月13日达成《协议书》。该《协议书》约定：根据生效法律文书，截至2020年3月1日，双方确认神火公司应给付黑火公司总额72977361元，此款分三期给付，第一期于2020年3月21日前支付32977361元，第二期于2020年4月21日前支付2000万元，第三期于2020年5月21日前支付2000万元。如果神火公司按期、足额履行以上付款义务，黑火公司即视为神火公司已履行完毕本案生效判决义务。如果神火公司未按期、足额履行以上任何一期付款义务，则本协议即归于无效，黑火公司将根据生效判决申请法院强制执行。

《协议书》达成后，神火公司于2020年3月18日支付32977361元，同年4月20日支付2000万元，5月20日支付600万元。按约定，神火公司尚有1400万元未向黑火公司支付。

2020年5月19日，邹平市法院向神火公司送达（2020）鲁1626执保4号协助执行通知书和裁定书，要求神火公司立即停止向黑火公司支付工程款及逾期利息1400万元，查封期限1年（自2020年5月19日至2021年5月18日）。同年7月2日，神火公司分别向邹平市法院和江苏兴厦建设工程集团有限公司支付协助执行款项合计1217万元。协助执行期限届满后，神火公司未向黑火公司支付剩余工程款183万元。

因神火公司未履行生效法律文书确定的义务，黑火公司于2021年8月24日申请强制执行，新疆维吾尔自治区高级人民法院（以下简称新疆高院）予以立案。根据《最高人民法院关于高级人民法院统一管理执行工作若干问题的规定》第8条之规定，新疆高院作出（2021）新执21号执行裁定书，将此案指定由新疆维吾尔自治区昌吉回族自治州中级人民法院（以下简称昌吉州中院）受理执行。昌吉州中院于2021年10月2日立案执行。

2021年9月9日，神火公司向黑火公司支付183万元。同年10月2日，昌吉州中院立案执行；10月25日，昌吉州中院依法扣划神火公司账户资金439406.5元；10月26日，昌吉州中院向黑火公司发还案款

416130.5元；10月26日，昌吉州中院解除冻结神火公司银行存款2141152.11元；10月27日，执行结案。

二、申请监督理由

神火公司不服昌吉州中院的执行行为，于2021年11月1日向新疆高院提出执行监督申请，请求依法驳回黑火公司的强制执行申请，监督纠正昌吉州中院强制扣划神火公司账户资金的行为。主要事实及理由：（1）昌吉州中院认为2021年10月2日本案执行立案时，神火公司未履行生效法律文书确定的义务，与事实不符。2021年9月9日，神火公司已将生效法律文书确定的案款全部支付完毕。本案执行和解协议（《协议书》）的履行尽管存在瑕疵，但和解协议确已履行完毕，人民法院不应恢复执行。当事人对迟延履行和解协议的争议，不属于执行程序处理事宜，应由当事人另诉解决。（2）最高人民法院（2019）最高法民终1878号民事判决书生效后，2020年3月13日双方当事人达成的《协议书》已全部履行完毕，黑火公司申请执行未付案款本息的请求不能成立。（3）2020年5月19日，山东省邹平市人民法院（以下简称邹平市法院）向神火公司送达（2020）鲁1626执保4号协助执行通知书和裁定书，要求神火公司立即停止向黑火公司支付1400万元案款，并于2020年6月19日向神火公司送达（2020）鲁1626民初637号协助执行通知书等，神火公司2020年7月2日依法履行了协助执行付款义务，但因邹平市法院至今未开具解封手续，神火公司于2021年9月9日将剩余183万元支付给黑火公司。神火公司迟延履行主观上并无过错。（4）昌吉州中院计算逾期罚息有误。

三、审查意见及定案结论

新疆高院经审查认为，根据神火公司的申诉请求，本案须审查四个方面的问题：

（1）关于昌吉州中院是否应当立案执行的问题。在执行依据发生法律效力后、尚未进入执行程序前，黑火公司与神火公司签订的《协议书》

属当事人双方自行约定，且神火公司未按协议约定履行全部付款义务，黑火公司有权依据执行依据向作为一审法院的新疆高院申请强制执行。经新疆高院指定，昌吉州中院对本案享有执行管辖权。

（2）关于黑火公司申请恢复强制执行执行依据所确定剩余案款本息的请求能否成立的问题。本案执行依据确定的金钱债务合计 72823498.79 元。截至 2020 年 7 月 2 日，神火公司分四笔实际仅履行 71147361 元，并未全面履行付款义务。黑火公司按照执行依据确定的金钱债务总额申请强制执行剩余案款本息的请求，符合法律规定，应予支持。

（3）关于神火公司按照邹平市法院要求履行协助执行义务是否构成迟延履行本案付款义务正当理由的问题。2020 年 5 月 19 日，邹平市法院向神火公司送达协助执行通知，查封期限为 1 年（自 2020 年 5 月 19 日至 2021 年 5 月 18 日）；神火公司履行了该协助执行义务。但是，该院查封期限已于 2021 年 5 月 19 日届满，此后神火公司并未向黑火公司支付剩余案款。故神火公司以须向邹平市法院履行协助执行义务，有权迟延支付本案剩余案款不能成立。

（4）关于昌吉州中院计算逾期罚息是否正确的问题。邹平市法院在另案执行中虽要求神火公司立即停止向黑火公司支付工程款及逾期利息，但神火公司在履行完毕协助执行义务后，邹平市法院对神火公司的查封期限已于 2021 年 5 月 19 日届满。此后，神火公司理应向黑火公司支付剩余款项。因神火公司怠于履行付款义务期间，应当依据《最高人民法院关于执行程序中计算迟延履行期间的债务利息适用法律若干问题的解释》之规定计算债务利息。且在执行过程中，昌吉州中院经征询双方当事人对逾期罚息金额的意见，双方均表示认可。

综上，神火公司的四项申诉请求均不能成立，应予以驳回；昌吉州中院在执行（2021）新 23 执 225 号案件过程中，适用法律正确，执行程序规范，应予以维持。

新疆高院参照《民事诉讼法》第 204 条（2021 年修改后为第 211 条），依照《最高人民法院关于人民法院执行工作若干问题的规定（试行）》第129条（2020年修正后为第71条）之规定，作出裁定：驳回神火公司的申诉请求。

四、评析意见

根据神火公司的申诉请求，涉及四个方面的内容，但需要审查的主要问题是：人民法院执行立案前，当事人达成和解协议但未实际履行，债权人能否申请恢复执行执行依据（生效判决书）以及被执行人是否应承担迟延履行期间的债务利息。

（一）执行外和解协议与执行和解协议的法律效力区别：是否当然发生阻却执行的效力

执行实践中，执行外和解指当事人自行达成但未提交人民法院的和解协议，通常包括执行依据生效后申请执行前达成和解协议、当事人在执行过程中达成但未提交人民法院的和解协议、当事人在终结本次执行程序后恢复执行前达成的和解协议等情形。本案中，黑火公司与神火公司签订的《协议书》就属于执行程序开始之前自行达成的执行外和解协议。

从性质上看，对于执行外和解协议而言，无论是当事人自行达成但未提交人民法院的和解协议，还是一方当事人提交人民法院但其他当事人不予认可的和解协议，由于未与人民法院产生程序上的直接联系，在本质上属于私法主体之间关于民事权利义务的安排，仅具有民事合同的效力，因此，不能发生执行和解协议所具有的阻却执行效力。[①]

---

① 《最高人民法院执行工作办公室致山东省高级人民法院的复函》（〔2003〕执他字第4号）指出："当事人之间在执行前达成的和解协议，具有民事合同的效力，但协议本身并不当然影响债权人申请强制执行的权利。债权人在法定的申请执行期限内申请执行的，人民法院应当受理。鉴于我国目前尚无债务人异议之诉制度，执行法院应当在实际开始执行前对和解协议是否全部履行完毕予以审查核实。如协议确实已经履行了，则说明调解书确定的债务已经消灭，不能再以调解书为依据强制执行了，否则可以强制执行。"

（二）执行外和解协议发生效力的实体要件：处分原则在执行程序中的体现

处分原则是民事实体法和民事程序法的基本原则。依据《民事诉讼法》第13条第2款之规定，当事人有权在法律规定的范围内处分自己的民事权利和诉讼权利。该规定位于该法总则，当然适用于民事执行程序。虽然执行外和解协议不具有当然阻却执行的法律效果，但一份合法有效的和解协议毕竟是双方当事人的真实意思表示，当事人通过和解协议变更执行依据所确定的金钱债权数额、履行期限、履行方式等，属于当事人行使处分权的范围，理应得到尊重。因此，《最高人民法院关于执行和解若干问题的规定》（2020年修正，以下简称《执行和解规定》）第19条针对执行和解协议以及提交人民法院过程中有争议的和解协议如何处理作出规定，[①] 有限度赋予执行外和解协议对执行程序的影响，比如，执行外和解协议履行完毕的，当事人据此提出执行异议阻却执行，人民法院经审查属实的，应当裁定终结原生效法律文书的执行。

此外，从"切实解决执行难"目标出发，明确执行外和解协议的效力，也符合公正、善意、文明执行理念的要求，还有利于缓解人民法院执行工作案多人少的严峻形势。

（三）执行外和解协议发生效力的程序要件："借道"执行行为异议程序提出债务人实体异议之诉

虽然执行外和解协议在一定条件下也能发生阻却执行的效力，但其与执行和解协议的区别仍是明显的。依据《执行和解规定》第8条、第

---

① 《执行和解规定》第19条第1款规定："执行过程中，被执行人根据当事人自行达成但未提交人民法院的和解协议，或者一方当事人提交人民法院但其他当事人不予认可的和解协议，依照民事诉讼法第二百二十五条规定提出异议的，人民法院按照下列情形，分别处理：（一）和解协议履行完毕的，裁定终结原生效法律文书的执行；（二）和解协议约定的履行期限尚未届至或者履行条件尚未成就的，裁定中止执行，但符合民法典第五百七十八条规定情形的除外；（三）被执行人一方正在按照和解协议约定履行义务的，裁定中止执行；（四）被执行人不履行和解协议的，裁定驳回异议；（五）和解协议不成立、未生效或者无效的，裁定驳回异议。"

19条的规定，针对同样是履行完毕和解协议的行为，如果是执行和解协议，人民法院作执行结案处理；而如果是执行外和解协议，由于此类和解协议仅产生民事实体法上的效果，当事人（一般是被执行人）需要依据该和解协议另行提起执行异议，才能发生中止执行或者终结原生效法律文书执行的效力。

申言之，执行外和解协议中的执行异议实际上发挥的是债务人异议之诉的功能。对于执行依据生效之后发生的异议事由，如和解、抵销等债的消灭的实体事由，债务人（被执行人）依据这些事由提出的异议属于实体异议，针对的是申请执行的债权，且属于既判力基准时之后新发生的事由，而不属于执行依据生效之前发生的实体事由，故应当在执行程序中审查。由于我国民事程序法上未规定债务人异议之诉制度，《最高人民法院关于人民法院办理执行异议和复议案件若干问题的规定》（2020年修正）将执行行为异议作为债务人异议之诉的参照制度。[①]

（四）未履行或者未完全履行执行外和解协议的处理

基于执行外和解协议与执行和解协议性质上的区别，执行外和解协议不能当然发生阻却执行的效果。因此，未履行或者未完全履行执行外和解协议的，当事人当然有权基于执行依据申请强制执行。只不过，对于和解协议中已经履行的金钱债务部分，应当作相应扣除。本案中，黑火公司与神火公司之间的《协议书》明确约定：如果神火公司未按期、足额履行约定的任何一期付款义务，黑火公司将根据生效判决申请法院强制执行。因此，黑火公司申请立案执行，也符合《协议书》中双方当事人的约定。

---

① 《最高人民法院关于人民法院办理执行异议和复议案件若干问题的规定》（2020年修正）第7条第2款规定："被执行人以债权消灭、丧失强制执行效力等执行依据生效之后的实体事由提出排除执行异议的，人民法院应当参照民事诉讼法第二百二十五条规定进行审查。"

“解冻+监管” 善意执行支持企业复工复产

——华融资产管理公司与燕江国际大酒店执行异议案

张志明*

一、案件基本情况

申请执行人中国华融资产管理股份有限公司福建省分公司（以下简称华融公司）与被执行人永安燕江国际大酒店有限公司（以下简称燕江酒店）、黄某鸿、朱某锌、刘某红保证合同纠纷一案，华融公司向三明市中级人民法院（以下简称三明中院）申请强制执行，要求保证人燕江酒店、黄某鸿、朱某锌、刘某红承担连带责任，清偿担保债务34298698元。三明中院于2020年4月23日立案执行，并作出（2020）闽04执55号执行裁定，依法查封了被执行人燕江酒店名下的抵押房产等财产，冻结了燕江酒店的银行存款2252.38万元（实际冻结到187.58元）。之后，考虑到保证企业正常经营和稳定员工就业的需要，三明中院对燕江酒店已抵押的经营性房产采取“活查封”方式，交由酒店继续使用，经与华融公司沟通，暂未进行评估拍卖处置。2020年6月至7月，被执行人燕江酒店以新冠肺炎疫情导致公司经营困难，银行账户查封后无法支付货款、工资、税费、水电费和公司面临停工停产的风险为由，两次向三明中院申请解除对上述银行账户的冻结，并提供了生产经营应付账款清单，承

* 福建省泰宁县人民法院。

诺账户所有资金都将用于公司生产经营。三明中院于2020年7月29日作出（2020）闽04执55号之一裁定书，以保障疫情期间企业复工复产和正常经营为由，裁定暂时解除对燕江酒店银行账户的冻结，并要求燕江酒店接受监管，确保解冻后的账户资金只能用于公司正常生产经营。

申请执行人华融公司对解冻裁定不服，认为三明中院冻结被执行人燕江酒店银行账户符合《民事诉讼法》第242条规定，随意解除将有损司法权威和申请执行人的合法权益，于2020年8月5日向三明中院提出执行异议，要求撤销解冻裁定，并对燕江酒店银行账户予以冻结和扣划。

另查，燕江酒店是永安市唯一的五星级酒店，也是永安市旅游产业的龙头企业和招商项目推介会的重要接待场所，现有在岗职工390人，该酒店运营涉及当地上游企业和个体工商户、供货商60多家，一旦关门停业，将造成职工失业、上游企业和供货商利益受损、酒店装修价值贬损、旅游产业发展受影响等一系列严重后果。该债务系燕江酒店替某贸易公司银行贷款进行“连环担保”而受到拖累，华融公司的债权系从银行购买资产包所得。

二、法院审查处理意见

三明中院于2020年8月25日作出（2020）闽04执异110号裁定书，认为该院在加强资金监管的前提下，有条件地解除对燕江酒店有关银行基本账户的冻结并无不当，驳回华融公司的异议请求。华融公司不服该异议裁定，于2020年9月4日向福建省高级人民法院（以下简称福建高院）申请复议。

该案在福建高院复议审查期间，经三明中院积极协调和双方当事人主动协商、共同努力，华融公司、燕江酒店和第三方投资人最终达成债权资产包转让协议，华融公司将涉及燕江酒店担保债务以资产包的形式，有偿转让给第三方投资人，第三方投资人与燕江酒店达成和解协议，不对燕江酒店申请执行。之后，华融公司向福建高院撤回本案的复议申请，并向三明中院撤回对燕江酒店的强制执行，福建高院于2021年7月裁定准许华融公司撤回复议申请，至此，三明中院（2020）闽04执异110号裁定书已发生法律效力，案件圆满化解。

三、评析意见

2020年以来，由于受新冠肺炎疫情影响，我国经济发展环境的复杂性加大，社会发展某些领域、个别地区面临的困难和挑战十分严峻。为了贯彻落实中央“六稳”“六保”及支持中小微企业发展，发挥其就业主渠道作用的要求，人民法院在执行过程中，应根据实际情况“善意文明执行”，对正在生产经营且不存在恶意逃债的企业，依法慎用强制措施，通过“放水养鱼”等方式，从源头上提升企业“造血功能”和偿债能力，最大限度地降低对企业正常生产经营的不利影响，支持保障企业复工复产，进一步优化营商环境。考虑被执行人燕江酒店作为酒店经营性企业，对其账户资金进行冻结和扣划，会对企业生存复工、正常经营、装修价值效用贬损和职工就业收入、债务重整、社会稳定等方面造成负面影响。因此，为保障疫情期间企业复工复产和正常经营，三明中院决定有条件地暂时解除对被执行人燕江酒店有关银行账户存款的冻结，为企业保留必要的流动资金和基本经营条件。待新冠肺炎疫情造成经济下行压力减轻和企业实现盈利之后，人民法院再依法继续执行。同时，为防止被执行人燕江酒店转移、隐匿财产或将银行账户资金挪作正常经营之外的其他用途，损害申请执行人的合法权益，三明中院要求被执行人燕江酒店在解冻账户后，必须定期向法院报告账户资金的往来进出情况和用途，接受法院监管和申请执行人的监督，保证账户资金只能用于正常经营和合理开支，否则法院将依法追究其法律责任。故三明中院在加强资金监管的前提下，有条件地解除对燕江酒店有关银行基本账户的冻结并无不当，符合《最高人民法院关于在执行工作中进一步强化善意文明执行理念的意见》精神，亦符合三明中院根据本地实际情况制定《关于强化公正善意文明执行理念依法稳妥保全企业财产的补充规定（试行）》的精神，也符合《福建省高级人民法院关于司法服务“六稳”

"六保"发挥更大职能作用的实施意见》关于"依法审慎适用执行强制措施，尽最大可能保持企业财产运营价值和正常经营"的精神。

本案虽然是个案，但却是当前企业面临困境的一个缩影，具有普遍性、代表性，涉及人民法院对被执行企业采取机构执行还是灵活执行措施的办案理念问题，并对今后同类案件的处理，起到示范、指引作用。2020 年 3 月 31 日，三明中院在总结、规范办案经验的基础上，制定下发《关于强化公正善意文明执行理念依法稳妥保全企业财产的补充规定（试行）》，其中规定"企业无法提供其他有实际价值、可变现的担保财产进行置换保全，但由于正常生产经营、维护社会稳定、应急紧急情况等正当且必要的理由，需要解除冻结银行账户的，法院可以有条件地暂时解除冻结银行账户，但应要求企业提供相应证明材料，并采取必要的监管措施，即要求企业每月向法院报告账户资金往来进出情况及用途，确保解冻后的账户资金只能用于正常生产经营和合理合法开支，避免企业转移账户资金或挪作他用，损害申请人的合法权益"。该规定实行以来，三明中院采取"附条件解冻银行账户+监管资金收支用途"的方式，妥善化解了明海鑫股份公司、京源建设公司、金东矿业公司等多个企业的债务执行纠纷，最大限度地降低机械查封措施对企业生产经营和复工复产的不利影响，为企业发展营造更加宽松的营商环境，受到有关部门、人大代表、政协委员、企业主和人民群众的普遍好评，三明驻地银行对此也给予充分理解和支持。福建高院在对本案复议审查期间，三明中院从落实中央"六稳""六保"要求和服务保障企业生存发展"一地一策"出发，积极协调双方当事人采取协商、和解、资产包转让、引入战略投资人的方式，妥善化解债权债务纠纷，最终促成华融公司、燕江酒店和第三方投资人达成债权资产包转让协议及和解协议，并已实际履行，华融公司撤回复议申请和对燕江酒店的强制执行，实现了申请执行人收回债权、企业继续恢复经营、职工稳定就业、地方经济发展、"放水养鱼"政策延续的"多赢"结果，实现办案法律效果与政治效果、社会效果、经济效益的有机统一。

法治是最重要的营商环境，市场经济的本质是法治经济，司法环境也是营商环境。人民法院要打造法治化的营商环境，必须克服“就案办案、机械执法、片面孤立”的思维，坚持系统观念，准确把握法律问题背后蕴藏的深层次因素、多方面影响，通盘考量政治和大局要求、规则和程序要求、执行和纾困要求，做到讲政治与讲法治并重、促进发展与保障权益并行、服务大局与依法办案并举，从而实现“三个效果”相统一。在这个意义上看，三明中院创造性地采取“解冻+监管”的执行方式，较好地解决了司法放水养鱼、企业渡过难关、提升造血偿债能力、保障债权兑现等问题，兼顾了各方当事人的利益诉求，并通过健全制度的方式，形成类案执法的规则，进一步提升执行规范化水平及审判质效，有效防范廉政风险。

【理论与争鸣】

从"补正"到"不争"：论刑事涉案财物审后补正程序的合理建构

——兼谈完善刑事涉案财物处置机制的基本思路

广东省东莞市第一人民法院课题组*

刑事诉讼是围绕被追诉者刑事责任而开展的诉讼活动，尊重和保障人权是刑事诉讼法的根本任务之一。作为基本人权的组成部分，财产权在刑事诉讼中却长期有别于人身权而被"降格对待"，导致实践中涉案财物处置乱象丛生，损害司法公信，社会反映强烈，并引起了中央层面的高度重视。2013年《中共中央关于全面深化改革若干重大问题的决定》中明确提出："完善人权司法保障制度，进一步规范查封、扣押、冻结、处理涉案财物的司法程序。"将规范涉案财物的司法程序提升到一个新的高度。随着近年来理论和实务界的不断努力，涉案财物处置的审前、审中（审判）处理程序的立法规范逐渐完善，但审后（执行）程序规则短板依旧，"最后一公里"的缺失造成刑事裁判涉财产执行的诸多困境，实

* 课题主持人：林辉芳（东莞市第一人民法院党组书记、院长）；课题组成员：苏卫东（东莞市第一人民法院党组成员、副院长）、何艽［东莞市中级人民法院执行局副局长、东莞市第一人民法院院长助理（挂职）］、曾昭永（东莞市第一人民法院执行局负责人）、傅沛佳（东莞市第一人民法院执行局副局长）、谢磊（东莞市第一人民法院刑庭审判员）、郝世鹏（东莞市第一人民法院民二庭法官助理）；执笔人：何艽、谢磊、郝世鹏。

务操作无序可依。虽然2014年《最高人民法院关于刑事裁判涉财产部分执行的若干规定》（以下简称《刑事涉财规定》）第15条针对赃款赃物的审后处理作出了规定，但由于效力层级有限，规定较为原则，在实务中存在认识分歧。为此，本文通过对实务现状的梳理、基本原则的明确以及具体程序的设置等，试图为刑事涉案财物审后补正程序的建构寻找一条可行路径。

近年来，非法吸收公众存款、集资诈骗等涉众金融刑事犯罪案件数量持续高位运行①，此类案件高发成因复杂：一是社会结构层面上，我国目前属于发展中国家，在初级阶段供求矛盾长期存在，各方面的短缺现象尤其是资金短缺还很严重。由于资金短缺，又不能通过正常渠道获得资金，于是有些人就采取非法手段获取资金，这种情况下，金融刑事犯罪的发生就很难避免；二是社会规制层面上，以互联网为代表的信息技术持续发展，社会规制措施存在滞后和缺位，现有的法律规定和管理机制难以适应花样翻新、层出不穷的违法犯罪手段和不断扩张的犯罪体量；三是社会保障层面上，养老、医疗、应急助困、保障性金融服务等制度和体系的建设水平不能满足人民日益增长的需求，犯罪分子在政策空隙和强烈的社会需求之间钻营，以养生保健、投资理财、扶危济困等各种名目引诱被害人掉入陷阱。

与传统刑事犯罪案件相比，涉众金融刑事犯罪案件往往存在涉案财物数量及价值大、财产关系复杂、损失影响面广、认定及处置困难的特点，其中，以赃款赃物及其转化认定的难题在当前司法实务中尤为突出，在此类案件中能否妥善处理好涉案财物，其重要性甚至超过定罪量刑是否准确。目前，刑事涉案财物处置问题频发，法律规范供给不足，传统

① 中国政府网2019年5月12日报道：2018年到2019年第一季度，全国公安机关共立非法集资、传销等涉众型经济犯罪案件近1.9万起，涉案金额4100亿元，涉案金额超过百亿元、涉及投资者超过百万人的"双百案件"屡有发生。网址：http：//www.gov.cn/xinwen/2019-05/12/content_5390776.htm，最后访问时间：2022年4月16日；人民日报客户端2020年5月8日报道：自2019年开展打击非法集资犯罪专项行动以来，全国公安机关共立非法集资、传销等涉众型经济犯罪案件1.5万余起，涉案金额3400亿元。网址：https：//baijiahao.baidu.com/s?id=1666103808139602362&wfr=spider&for=pc，最后访问时间：2022年4月16日。

的涉案财物处置思维和程序滞后于社会经济的发展和司法实践的需求，改革迫在眉睫。

一、建构刑事涉案财物审后补正程序的基本原则

为补正程序“正名”是为了形成刑事涉案财物处置的审前、审判和审后完整闭环，使涉案财物处置可追溯、可“退货”、可“维修”。规范补正程序，使其完全符合法律的原则、逻辑和程序规范要求，旨在以审后检视和倒逼审前和审判，促使涉案财物在审前、审判阶段即实现实体处理效果上的“不争”，从而减少乃至避免补正。在刑事涉案财物的审后补正程序建构上，笔者认为应坚持以下基本原则。

（一）程序正当原则

程序正当的重要性不言自明，只有确立清晰的流程，建立合理的诉讼对抗结构、权责明晰的诉讼主体参与机制以及公开、透明的证据开示制度，才能保障涉案财物认定程序的公平公正，起到在有效打击犯罪的同时，保护相关权利人合法财产权益的作用。程序正义应当具备参与性、裁判中立性、对等性、合理性、及时性、终结性六个方面要求①，基于上述要求，补正程序的正当性应体现在以下三个方面。

1. 补充调查认定的全流程化

传统的刑事诉讼建立在“以被告人为中心”的基础上，刑事诉讼表现为明显的“对人之诉”的特征。是以追诉被告人的刑事责任，完成对被告人的定罪和量刑为目标的诉讼程序，在这样的诉讼构造下，对涉案财物的处置仅属于附随性质，在诉讼全链条中均不受重视。但随着经济社会和司法实践的不断发展，在刑事案件尤其是经济类犯罪中，涉案财物的处置愈发重要，甚至成为衡量案件法律和社会效果好坏的关键，所以涉案财物的处置在传统刑事诉讼结构之下的“不适”与“错位”愈发

---

① 参见陈瑞华：《刑事诉讼的前沿问题》（上册），中国人民大学出版社 2016 年版，第 234~239 页。

突出，构造具有完整诉讼形态的“对物之诉”十分必要[①]。所谓的“对物之诉”，是指普通刑事审判程序中，由诉讼各方同时参与、法院基于法庭调查和法庭辩论对涉案财物作出裁判的诉讼活动[②]。如果说“对物之诉”是“对人之诉”的有效补充，那么刑事涉财执行中涉案财物认定补正则是原刑事诉讼程序的审后程序，是“对物之诉”的延续，也是“对物之诉”相对独立的诉讼程序价值的体现。因此，涉案财物的调查补正须遵循完整的侦查—起诉—审理的刑事诉讼流程，即公安机关应就涉案财物是否存在认定错误或应予认定而未认定重新或补充开展调查活动；检察机关继续履行侦查指导职责，并就涉案财物是否属于赃款赃物向审判机关提出明确的公诉意见；审判机关通过公开程序依法开展审理工作，并作出相应的书面裁判，期间还应充分保障权利人、利害关系人的知情权和诉讼参与权。唯有在全流程化的基础上，才能最大限度地将各方引入并划分权责，保证补充调查的合法性、有效性。

2. 各方的充分参与和对抗的实质化

构造完整的诉讼形态属于程序正当的“形”，诉讼各方的积极参与和实质对抗才是程序正当的“神”，“形神兼备”才能体现程序价值，实现实体正义。补正程序意味着涉案财物处理的“回炉再造”，公安和检察机关理应继续承担侦查、控诉职能，而对涉案财物有权利主张的案外人，应赋予其独立的诉讼主体地位和对补正结果不服时的救济权利，被告人也应参与诉讼并提出独立的意见，人民法院则以庭审为枢纽和抓手承担居中裁判职能，从而形成“控”“辩”“第三人”地位平等并实质性对抗的“三角关系”，“审”则处于分别对等居中的裁判地位，这样的模型结构有学者形象地称之为“正三棱锥形”构造[③]。

3. 补正结果的规范化

虽然“对物之诉”具有相对独立的程序价值，其目标是对涉案财物

---

① 参见戴长林：《依法规范刑事案件涉案财物处理程序》，载《中国法律评论》2014年第2期。

② 参见方柏兴：《论刑事诉讼中的“对物之诉”——一种以涉案财物处置为中心的裁判理论》，载《华东政法大学学报》2017年第5期。

③ 参见毛逸潇：《涉案财物处置体系诉讼化构建》，载《江西警察学院学报》2018年第5期。

的性质和权利归属作出裁判，但因种种原因，“对物之诉”往往未能在原刑事诉讼程序中完成对全部涉案财物的终局性裁判。因此，在执行中对涉案财物的认定补正，在性质上不是执行行为，而是原有“对物之诉”的延续，该程序不能改变或替代原有刑事诉讼程序，也非审判监督程序，有其独立的“准裁判结果”性质，该认定结果应视为对原有裁判结果的补充和完善，效力上与原有裁判结果相同。另外，该认定结果虽会产生实体上的变更，但变更之结果只及于“对物之诉”，而不及于“对人之诉”，即不影响对被告人的定罪量刑。在外在形式上，补正结果是对原有判决关于涉案财物处理问题上的补充；在实体内容上，则应作为案件判决结果不可分割的一部分，共同作为执行的依据，具有既判力。

（二）无罪推定原则

无罪推定是刑事诉讼的基本原则，也是构建刑事诉讼程序的逻辑原点以及正当程序的基石，长久以来，刑事涉案财物处置存在的问题，究其原因之一即在于“对物之诉”中采用了与“对人之诉”不同的标准，未能始终贯彻无罪推定原则，如对认定涉案财物性质和权利归属的证据收集不完善，收集程序不规范，证据标准把握不严，甚至选择性执法、司法等。因此，应在补正程序中从如下方面坚持、落实无罪推定原则。

1. 证据全面收集

（1）证据类型要全面。不但要收集嫌疑人或被告人供述、证人证言、利害关系人供述等言词证据，也要收集书证、物证、视听资料、鉴定意见、电子数据等证据，尤其要注重收集客观证据。全面收集各类型证据是为从更多、更完整的角度形成印证和还原案件事实，使案件事实更加真实、立体，经得起推敲。

（2）“有罪”“无罪”要全面。既要收集有关财物可能涉及犯罪的证据材料，也要收集涉及财物具有合法权属来源以及权利合法处分、变更的证据材料，建立财物权属、来源、去向等的完整证据图谱，为补充认定提供坚实的证据基础。

（3）单位、个人要全面。在涉及单位组织形态的犯罪中，既要收集单位组织的涉案财物证据，也要收集成员个人尤其是主要犯罪嫌疑人、被告人的涉案财物证据，还应收集单位组织与成员个人之间、个人与他人之间有关涉案财物的转移、转化关系的证据。

2. 证据裁判规则

（1）坚持以客观证据为重，不轻信口供。《刑事诉讼法》第55条[①]同样适用对涉案财物的认定，不能仅凭被告人供述就简单作出涉案财物的认定，须结合财物形式、权属凭证、利害关系人及其他证人的陈述等多方印证属实才能认定，避免对涉案财物作出主观认定，侵害相关权利人的合法财产权。

（2）坚持刑、民证明标准综合运用。财物的性质认定，因与犯罪事实紧密相关，是定罪量刑的组成部分，应参照“对人之诉”，适用确实、充分、排除合理怀疑的证明标准。而财物的权属关系认定，其实质属于民事法律问题，证明标准上应适用优势证据标准，具体要结合财产的形式把握（如对土地、房产等不动产，飞机、船舶等特殊动产，存款、股票等金融资产，应以权属凭证、登记资料、流水、账册等来确定权属）；对现金和普通动产等，应以占有为原则确定权属等。

（3）坚持定案证据须经法庭质证。从《刑事诉讼法》的规定来看，似乎对有关涉案财物性质和权属的证据材料经查证属实即可，而非必须经法庭质证和辩论，但从《刑事诉讼法司法解释》的修改可以看出，条文中“除法律和该解释另有规定的，证据非经法庭质证不得作为定案根据”的“例外规定”被删除，足见最高人民法院对严格证据质证的明确态度，故有关涉案财物的全部在案证据须经质证及充分辩论才能作为定案依据。

3. 先行处置以程序性处理为原则

司法实践中，大量涉案财物在漫长的诉讼进程中难免产生价值贬损，

① 《刑事诉讼法》第55条规定：“对一切案件的判处都要重证据，重调查研究，不轻信口供。只有被告人供述，没有其他证据的，不能认定被告人有罪和处以刑罚；没有被告人供述，证据确实、充分的，可以认定被告人有罪和处以刑罚。”

甚至变得一文不值，还有可能因高额的保管、处置费用而变成“负资产”。尤其在经济犯罪中，为被害人挽回损失至关重要，涉案财物处理前置有利于兼顾效率和公平，如果任由涉案财物价值贬损而影响被害人的受偿权利，将会对案件办理的效率及实质公平造成不良影响。及时处置涉案财物、保障财物保值增值，是对被告人财产利益的保护，被查扣的涉案财物变现价值越高，被告人一旦被定罪其额外负担的财产刑和赔偿责任就越少。因此，参照民事诉讼保全相关规定①，必要时可将涉案财物处置前置，在补正程序前，乃至在侦查、检察起诉和刑事审判阶段，就先行依法变现。同时，不同性质类型的涉案财物，其先行处置的性质也存在不同②，对于普通类型的涉案财物，根据无罪推定原则，先行处理应为程序性处理，一般应以权利人或其他利害关系人的申请或同意为前提要件，处理手段包括但不限于拍卖、变卖或托管经营等，其目的在于改变财物的保管、保存形式，防止其价值贬损，该处分不具有终局性，对被告人实体权利不会造成不利影响。对违禁品以及在违法所得中属于被告人因犯罪直接取得的他人财物，经查权属明确，来源、性质清晰的，可在先行处置中作出实体性处理，如枪支弹药、假币、毒品等可予以没收，被害人财物可予以返还。

（三）以审判为中心及审执分离原则

反思目前司法实践中存在的涉案财物认定及处置乱象，原因之一在于无论是侦查、检察起诉还是审判执行阶段均不同程度存在对涉案财物证据调查弱化、证据标准模糊、对权利人的抗辩权利重视不足等情况，涉案财物处置的随意性较大。为此，应在涉案财物处置诉讼化改造的基础上，落实以下原则。一是严格落实“以审判为中心”原则，明晰公检

---

① 《最高人民法院关于〈中华人民共和国民事诉讼法〉的解释》第 153 条规定：“人民法院对季节性商品、鲜活、易腐烂变质及其他不宜长期保存的物品采取保全措施时，可以责令当事人及时处理，由人民法院保存价款；必要时，人民法院可予以变卖，保存价款。”

② 参见李玉华：《从涉众型经济犯罪案件看涉案财物的先期处置》，载《当代法学》2019 年第 2 期。

法的各自职责，侦查—检察起诉—审判的过程，不应当是一种从前手到左手、左手到右手、右手再交到后手的“顺承模式”，而是层层把关、逐层提高办案质量的“层控模式”①，各机关应秉持“互相配合、相互制约”理念，共同推进涉案财物的及时妥善处理。同时，要坚持司法裁判权对涉案财物的审查、认定职能，坚持法院对涉案财物处理的终局性权力，并赋予权利人、利害关系人参与诉讼并充分主张和抗辩的权利以及对裁判结果不服时得到救济的权利。二是在法院内部要严守“审执分离”的工作原则，严格区分审判权和执行实施权，审判、执行各司其职又互相配合。对执行行为提出的异议，属于对执行实施司法行为的异议，应由执行部门审查处理；对涉案财物处理的执行依据提出的异议，属于对刑事裁判司法行为的异议，应由刑事审判部门适用补正程序去审查处理，而对定罪量刑的申诉诉求则应循审判监督程序审查处理。执行部门在执行过程中发现有关涉案财物的线索和材料，应及时移交刑事审判部门依法审查，避免出现“以执代审”“自审自执”“审执一体”的情况。

二、建构刑事涉案财物审后补正程序的若干具体思考

（一）补正程序的发起：被动或主动

《刑事涉财规定》第15条规定了在刑事裁判中对涉案财物是否属于赃款赃物认定错误或者应予认定而未认定时，可以由案外人或被害人申请启动异议程序。但该条并未解决案外人、被害人未提出申请或在没有被害人的情况下，应由谁来启动赃款赃物认定的问题，简言之，启动补正程序的主体范围不周延。

司法实践中，涉众型案件被害人众多，要求其统一提出申请，往往不切实际。另外，法院在执行过程中通过最高人民法院“总对总”查控系统等查控手段，可能会发现更多被执行人涉嫌赃款赃物的财产线索。

① 参见李奋飞：《从“顺承模式”到“层控模式”——“以审判为中心”的诉讼制度改革评析》，载《中外法学》2016年第3期。

在刑事诉讼中，具有诉权、可启动程序的是检察机关和当事人（包括被告人、被告人的近亲属、对财产主张权利的自然人和单位等），如果法院作为程序启动主体，难免陷入自查、自审、自执，与居中裁判的职能定位相悖。虽然法院不宜作为补正程序的启动主体，但不代表可以在发现赃款赃物认定错误或遗漏认定时视而不见、无所作为，法院不仅应对裁判错误主动纠正，还应对发现的涉犯罪线索包括涉案财物线索移送有权机关依法处理。因此，即使相关权利人或利害关系人未主动提出，法院也应将在工作中发现的有关涉案财物线索或初步的证据材料主动移送检察机关，由检察机关对是否启动申请法院开展补正程序作出决定，必要时检察机关可要求公安机关进行补充侦查。

（二）补正财产的范围：限定或开放

《刑事涉财规定》第15条规定针对赃款赃物的处置在两种情形下可启动异议程序：一是认定错误；二是应予认定而未认定，将异议审查的对象界定为刑事案件随案移送的涉案财物。但司法实践中，侦查乃至审判阶段往往难以查清所有的涉案财物。具言之，公安机关侦查专注于具有定罪量刑价值的财产，投入的侦查资源有限，检察机关缺乏督促涉案财物调查的动力，而法院在刑事审判阶段对涉案财物的处置也关注较少。直至执行阶段，法院面临被害人挽损退赔的迫切需求，对涉案财物的处置迫在眉睫。此外，随着全国法院执行查控系统的日趋完善，遍布全国范围、覆盖各种财产种类的查控网络，使得部分甚至多数涉案财物，直至执行阶段才得以被发现，对这些新发现的财物应如何审查认定，现有规定并无涉及。

关于补正程序针对的财产范围，有观点认为应限定于刑事案件随案移送的涉案财物，理由为补正程序应是原刑事诉讼程序的自我修正，如补正的对象扩展到新发现的涉案财物，就脱离了原有“诉”的范围，法院作出处理即违背了“不告不理”的诉讼原则。笔者认为此观点不能成立：首先，对涉案财物作出“应追尽追、应缴尽缴”的裁处是“对物之诉”的目标和任务，无论是错误认定还是遗漏处理均是以上目标任务未完成的情形之一，进言之，无论是对已随案移送财物的遗漏处置还是对新发现财物的遗漏处置，均属“遗漏”情形，本质上并无区别，均应补正裁处；其次，根据现有规定，公安、检察机关均具有对涉案财物追赃追缴的职能，涉案财物无论是违法所得、违禁品或作案工具，其认定均与犯罪事实紧密关联，故公安、检察机关并非仅是针对特定几项涉案财物进行侦查、控诉，而应是概括地针对所有涉案财物，故对涉案财物的侦查、控诉，不因“对人之诉”的结束而终结；最后，司法实践中因受侦查、审查起诉和审理期限以及调查手段、技术等所限，未必能在法定时限内完成所有追赃追缴工作，如不将新发现的涉案财物纳入补正范围，根据最高人民法院相关批复意见①，在无法通过民事诉讼途径挽回损失的情况下，被害人或法律规定的其他权利人、利害关系人将无法通过对涉案财物的追诉变现而得到赔偿，有违实体正义，同时也难以督促司法机关继续履行追赃追缴的法定职责，有悖司法公正。

（三）补正程序的设置：简约或完整

《刑事涉财规定》第15条规定刑事审判部门进行异议审查并裁定补正的基本规则，但具体程序设置上是以听证、开庭还是径行裁判方式，权属人、相关利害关系人在审查、认定程序中的地位如何确定，公安机关是否需补充侦查，检察机关是否需补充起诉等问题未予明确。有观点认为应以效率优先，简化补正认定的程序流程，经对证据材料查证属实，人民法院即可对涉案财物径行作出认定。笔者认为，该观点看似能快速解决问题，但明显有违程序正当原则，如在涉案财物处理上人为区分审

---

① 《最高人民法院关于适用刑法第六十四条有关问题的批复》（法〔2013〕229号）规定：“河南省高级人民法院：你院《关于刑法第六十四条法律适用问题的请示》收悉。经研究，批复如下：根据刑法第六十四条和《最高人民法院关于适用〈中华人民共和国刑事诉讼法〉的解释》第一百三十八条、第一百三十九条的规定，被告人非法占有、处置被害人财产的，应当依法予以追缴或者责令退赔。据此，追缴或者责令退赔的具体内容，应当在判决主文写明；其中，判决前已经发还被害人的财产，应当注明。被害人提起附带民事诉讼，或者另行提起民事诉讼请求返还被非法占有、处置的财产的，人民法院不予受理。”

前和审后两种程序标准，甚至对审后程序进行裁剪，则难免有厚此薄彼之嫌，难以调动各参与主体的积极性，不利于查清有关事实，容易陷入裁而不决的境地，并造成司法行为随意的不良观感，裁判结果的权威性难以保证。

在目前的刑事诉讼结构中，定罪量刑和涉案财物处置被设定为同步进行，但定罪量刑与涉案财物处置却又存在逻辑上的先后关系①，所以在司法实践中才会经常发生二者步调不一致甚至“倒挂”的情况。解决思路分为两个层面：一是在原有刑事诉讼程序层面，可将涉案财物处置的“对物之诉”嵌入“对人之诉”，遵循与“对人之诉”一致的诉讼程序要求，从而从程序意义上保证对涉案财物的处置程序的公平和正义；二是在补正程序层面，应将补正程序视为“对物之诉”的延续，即在涉案财物处理未尽的情况下，恢复“对物之诉”继续审理，将补正程序设置为完整的程序流程，包括侦查、调查，申请（起诉），听证（审理），裁判结果则宜采用裁定的方式作出，并赋予控辩双方相应的救济权利等。

（四）补正效果的设定：局限或扩张

补正程序难以落地的一个原因是审执关系难以界定：补正裁定是生效判决的组成部分或是独立内容，在补正裁定又存在错误的情况下，是仅在补正裁定范围内审查纠错，还是须对全案提起审查纠错。二者关系的不同界定将引发程序法上的不同设置。

“对物之诉”可在原有刑事诉讼程序结束之后延续形成补正程序，故具有相对独立的程序价值，但这并不意味着“对物之诉”和“对人之诉”并行不悖、互不影响：首先，涉案财物的认定与犯罪事实的认定存在紧密关联，除违禁品因其自然属性可对其独立完成法律判断外，其他涉案财物的认定往往是以犯罪事实的认定为前提条件；其次，在部分案件中，涉案财物的认定本身（如侵犯知识产权的产品数量和货值）就是

① 参见方柏兴：《论刑事诉讼中的“对物之诉”——一种以涉案财物处置为中心的裁判理论》，载《华东政法大学学报》2017年第5期。

犯罪事实的构成要件之一，是认定犯罪事实的前提条件；最后，涉案财物的认定对被告人的切身利益有重大影响，如是否认定为作案车辆关系被告人的重大财产是否被无偿没收。鉴于此，为了维护已生效判决的既判力，平衡实体公正与程序正义，对补正裁定效果的设定应仅及于“对物之诉”，而不宜对定罪量刑作出根本性、实质性的变更。当然，如在对涉案财物补充审理过程中，发现相关认定结果足以影响原判决的犯罪事实认定及裁判结果的，则应终止补正程序，另循审判监督程序依法处理。

（五）补正结果的救济：终局或可上诉

有观点认为，从提高执行效率出发，参照补正裁定和强制执行裁定的效力规则，可将财产补正裁定设定为作出即生效。但笔者认为，根据“无救济则无权利”的基本法理，控辩双方对于补正裁定结果不服时，仍应赋予双方救济的权利。一是权利保护的需要。涉案财物的裁处对控辩双方及相关利害关系人均可能具有重要影响，对检察机关而言，涉案财物是否得到依法妥善处理是评价检察机关是否有效行使控诉职能的重要指标，关系到是否尽到追赃追缴职责，能否为被害人挽回损失；对被告人而言，涉案财物的处理对其财产刑和赔偿责任的承担具有重大影响；对权利人、利害关系人而言，涉案财物的裁处可能引发波及效应，造成合同无效或终止履行，物品返还或赔偿等相关后果。二是维护司法权威的需要。赋予控辩双方以上诉权也是保证程序完整、正当的一部分，二审法院的复核及裁判能有效监督一审法院依法妥善裁处，提升司法公信力。因此，如诉讼参与各方对补正裁定结果不服的，可以提起抗诉、上诉，除被告人之外的其他利害关系人可提请检察机关提起抗诉，如诉讼参与各方对生效裁定结果仍不服的，则须遵循审判监督程序申请主张。

三、完善刑事涉案财物处置机制的基本思路

（一）压实各司法机关责任

要进一步划分和明确公检法部门各自在涉案财物处置中的职责，落

实办案责任及问责追究。公安机关作为刑事诉讼第一环节的经办机关应负起首办责任，及时开展对涉案财物的调查及查控工作，同时要及时开展审计、鉴定、评估及财物先行处置等工作，避免因工作粗糙、拖沓而造成涉案财物脱管、脱控、价值贬损；检察机关应对涉案财物的侦查尽到有效的指导监督职责，对涉案财物的性质做好审查工作，并对涉案财物的处理作出具体明确的起诉意见；审判机关应全面审查涉案财物的权属、来源、流向、转化等，审查查封、冻结、扣押程序和手续的合法性，审查涉案财物先行处置的合法性等，对涉案财物准确定性，并依法及时作出处理。

（二）加强相互协调和配合

公检法部门在各尽其责之外，还应在涉案财物处置过程中进一步加强协调配合，完善流程手续，优化处理质效：一是制定统一的操作流程规范，在涉案财物的性质认定、查控程序和手续、财物归类、标记和保管、财物交接和流转上要形成统一标准，保证涉案财物处理的统一性和连贯性；二是建立涉案财物处理的协调或联席会议机制，对涉案财物处理方面具有共性的重大问题和事项，通过协商、协调的方式形成共识并贯彻执行，尤其是对非法集资、扫黑除恶等涉及面广、复杂敏感的特殊类型刑事案件，充分利用联席会议等协同处理机制，形成妥善处理涉案财物的合力。

（三）加大现代信息管理技术和市场化手段的运用

涉案财物处置乱象的原因之一在于财物管理方法不科学、资金投入不足、管理技术条件滞后于实践需要。如财物信息采集不完整造成物品丢失，财物账目不清、不全造成财物混杂，保管方式不当造成财物价值贬损严重，清点移交手续随意造成前后手数据矛盾等。为此，应加大研发资金投入，利用大数据、物联网、云计算等现代信息技术和物流智能化管理技术，增强管理“内力”，一方面，能将涉案财物管理逐步纳入信息化、规范化、科学化的轨道[①]；另一方面，也能促进涉案财物处理的留痕化、可视化和透明化，减少暗箱操作，有效接受监督。此外，可充分利用市场化手段，通过公开竞标等方式选任有资质的机构，将文书送达、档案管理、材料整合、资产评估鉴定、平台开发维护、经营性资产代管托管等重复性、技术性的司法辅助性工作外包，助力司法机关专注于司法核心业务，以提高工作效率和质量。当然，对服务外包机构应注意做好质量评估和运营监督、签订保密协议等，防范道德风险和利益冲突，确保合法和安全。

（四）完善立法弥补漏洞

一是将前述众多散见于各类司法文件中的涉案财物处置相关规定进行统一整合，通过修改刑事诉讼法，将涉案财物处置规则提升至立法层面。二是在立法中明确各部门职责，规范诉讼环节的衔接，并强化被告人、被害人、相关利害关系人对涉案财物处置的知情、参与、监督、救济权利，细化涉案财物先行处置的规则和程序。三是将涉案财物处置与刑事办案质量、办案责任挂钩，将遗漏、拒绝或错误地对涉案财物进行处置裁判作为补充侦查、上诉改判、发回重审、进入再审等的法定理由，细化涉案财物处置的流程、节点的司法公开。四是将涉案财物的补正裁判程序正式纳入刑事诉讼法，从而形成涉案财物处置的审前（先行处置）、审中（判决）和审后（补正程序）的完整闭环，同时具体规定发起补正程序的主体包括被告人、被害人、有利害关系的案外人以及检察机关，补正的对象包括已随案移送但在原刑事裁判中认定错误或应予认定而未认定的涉案财物，也包括在执行中新发现的涉案财物等，让补正程序落地实施。

---

① 参见库中勋、李成长：《浅议大数据背景下检察机关涉案财物管理信息化改革》，载《法制博览》2018 年第 12 期。

附：

公安机关、人民检察院、人民法院关于非法集资刑事案件中财产处置的工作办法（征求意见稿）

为进一步规范非法集资刑事案件财产处置工作在侦查、审查起诉、审判、执行等各个环节的衔接，提高处置的质量和效率，根据中共中央办公厅、国务院办公厅《关于进一步规范刑事诉讼涉案财物处置工作的意见》（中办发〔2015〕7 号）、《国务院关于同意建立处置非法集资部际联席会议制度的批复》（国函〔2007〕4 号）、《最高人民法院、最高人民检察院、公安部关于办理非法集资刑事案件若干问题的意见》、《最高人民法院关于刑事裁判涉财产执行部分执行的若干规定》（法释〔2014〕13 号）、处置非法集资部际联席会议《处置非法集资工作操作流程（试行）》（处非联发〔2008〕4 号）以及相关规范性文件的规定，结合工作实际，特制定以下办法：

第一条　【案件类型范围】 本办法所指非法集资刑事案件，是指其他组织或个人，未经有权机关批准向社会公众募集资金，触犯刑律构成犯罪被司法机关立案侦查、起诉和审判的案件，具体包括非法吸收公众存款、集资诈骗等犯罪案件。

第二条　【处置工作原则】 对非法集资刑事案件资产处置应当坚持党对政法工作的绝对领导、公正与效率相统一、于法有据与改革创新相统一、依法打击犯罪与维护社会和谐稳定相统一的原则。

第三条　【通报会商机制】 在党委政法委的统筹领导下，公安机关、人民检察院、人民法院、金融监管机关等部门应当建立涉非法集资刑事案件财产处置的通报和会商机制，互相通报非法集资刑事案件信息，共同及时研究解决财产处置中遇到的突出问题和争议，配合做好财产上缴国库或返还被害人、集资参与人等有关工作，确保涉案财产处置依法准确高效。

第四条　【台账管理制度】公安机关、人民检察院、人民法院对非法集资刑事案件涉案财产、主体信息应实行明细管理，处置情况应全程留痕，应分别建立涉案财产信息和涉案主体台账并与案件同步移送。案件判决后，需要将罚没收入上缴国库和向集资参与人清退资金的，涉案财产管理部门应在台账中补充罚没收入上缴国库和资金清退的完整信息，并定期将有关缴库情况报送财政部门。

第五条　【处置手段目标】公安机关、人民检察院、人民法院在办理非法集资刑事案件过程中，应当依法及时采取查封、扣押、冻结等措施，综合运用追缴、责令退赔、没收、判处财产刑等多种手段进行财产处置，在彻底摧毁非法集资的经济基础、降低再犯可能性的同时，依法保障被害人、集资参与人及其他当事人的合法权益，全力维护社会的和谐稳定。

第六条　【专组统筹侦办】对重大、复杂、敏感非法集资刑事案件，公安机关应及时提请党委政府成立包括但不限于公安机关、人民检察院、金融、信访、财政、税务等部门在内组成的专门工作组，在党委政法委的统筹领导下连贯开展包括财产侦办、认定、处置在内的一系列处理工作。对于跨省区市的案件，公安机关还应报请上级公安机关统筹、协调涉案地区办案机关按“三统两分”工作原则的要求落实办案主体责任，并根据以下不同情形落实好统一办案标准和统一涉案财产查控：

（一）本地为案件主办地的，应及时统筹、协调辖区内或报请上级公安机关统筹、协调在市、省、全国范围内统一办案标准和涉案财产查控；

（二）本地为案件协办地的，应及时联系主办地司法机关征求相关意见，确保办案标准、涉案财产查控与主办地保持一致。

第七条　【职能部门配合】在重大、复杂、敏感涉众型非法集资刑事案件的侦办过程中，专门工作组中的金融、财政、税务等政府职能部门应在涉案财产调查取证、司法审计或会计鉴定、涉案财产清收、资产代管托管、先行处置等相关工作中配合司法机关。

第八条　【全面查控财产】公安机关应当全面调查非法集资组织、

机构及其成员的财产状况，财产的具体形式包括但不限于土地、房屋、厂房、商铺、林木、车位等不动产，飞机、船舶、车辆等特定动产，金银珠宝、古董字画、机器设备等普通动产，现金、存款、账款、债券、股票、基金、保单、有价证券、理财产品等金融资产，公司股权、知识产权等其他资产。公安机关在全面调查的同时要及时做好涉案财产的查封、扣押、冻结措施，除做好涉嫌赃款赃物及其转化形式的查控，还应做好可能判处财产刑、责令退赔的被告人个人合法财产的查控。

第九条　【全面收集证据】公安机关应当全面加强涉案财产的证据收集工作，根据涉案财产的价值和特征运用不同侦查手段，及时收集犯罪嫌疑人供述、证人证言、利害关系人陈述、被害人/集资参与人陈述等言词证据以及书证、物证、视听资料、鉴定意见、电子数据等其他证据，查明非法集资组织/机构财产、成员个人财产、他人代持财产、转移/转化财产等情况，其中对于价值高的涉案财产和主要犯罪嫌疑人的财产状况应当优先调查。

第十条　【及时固定证据】公安机关在犯罪嫌疑人身边、住所、办公室、车辆、网络平台等处查获的全部涉案财产，以及可能与涉案财产有关的凭证、银行卡、存折、借条、合同、裁判文书、票据权证等，应当就权属、来源、用途等及时对犯罪嫌疑人进行讯问并同步录音录像，不具备同步录音录像条件的，应当在现场由犯罪嫌疑人对涉案财产及相关书证等进行指证并形成证据。犯罪嫌疑人当场承认属于违法所得的财产，可以多个物证一起制作指证材料。如违法所得财产涉及他人权利的，应通知相关权利人，就相关财产的权属、来源、用途等制作询问笔录。

第十一条　【财产审查定性】公安机关应全面及时对查封、扣押、冻结的财产开展审查和定性，重点审查赃款赃物及其转化形式的权属、来源、去向、分布等情况，必要时委托相关机构对案涉财务资料进行司法审计或会计鉴定。对在查控财产后相关权利人提出的查封异议应及时审查，对经查不属于涉案财产的，公安机关经征求人民检察院意见并由公安机关主要负责人审批后，依法解除查控措施。

第十二条　【编制财产台账】公安机关应编制在案查扣的所有财产的清单并形成台账，具体内容包括：

（一）财产名称、性质（赃款赃物或个人合法财产）、权属人、权属凭证或依据情况；

（二）财产的现状（是否保质期内、是否存在瑕疵、是否已先行处置等）等基本情况；

（三）认定涉案财产的证据、理由、依据；

（四）查控措施种类、查控文书文号、查控主体、查控时间、期限、数量细目、保管地点、保管方式等查控措施情况；

（五）查封、扣押、冻结的涉案财产在全案中的统一编号。

第十三条　【财产调查认定】公安机关应当按照与犯罪嫌疑人的关联性，及时对涉案财产进行分类、归集。并对犯罪嫌疑人、知情人、被害人/集资参与人、财产牵涉的登记权属人、占有人等进行专门讯问、询问。在讯问/询问时，应向讯问/询问对象出示相关涉案财产照片、实物或权利凭证，由讯问/询问对象逐一辨认、签认、说明。

第十四条　【财产价值评估】公安机关应当及时委托专门机构，对需评估的涉案财产的价值进行鉴定或合理评估，对于存在抵押的涉案财产应当查明其净资产值，对价格波动较大的债券股票、基金等应以变卖后的价值认定财产数额。

第十五条　【财产先行处置】公安机关应对易贬损、灭失的涉案财产先行处置，上述涉案财产包括以下种类：

（一）易毁损、灭失、变质等不宜长期保存的物品；

（二）易贬值的飞机、汽车、船艇等；

（三）市场价格波动大的债券、股票、基金份额等财产；

（四）有效期即将届满的汇票、本票、支票等；

（五）其他须及时处置的涉案财物。

对权属明确的财产，告知财产权利人并征求意见。权利人书面同意或申请先行处置的，经公安机关主要负责人批准，可以依据或参照相关法律规定的程序对财产进行拍卖、变卖，所得价款暂予保存；权利人明确反对的，公安机关应要求权利人说明理由并书面告知其不先行处置的不利后果。公安机关经审查后认为权利人理由不充分且涉案财产符合先行处置条件的，经人民检察院审查同意后，可以按照上述规定先行处置。

对权属不明确或确实无法通知权利人的财产，可以在依法固定证据并经公安机关主要负责人批准后，按照本条第二款的规定处理。

珍贵文物、珍贵动物及其制品、珍稀植物及其制品，按照国家有关规定及时处理。

第十六条　【财产先行处置】公安机关对于查封、扣押、冻结的公司股权、知识产权、土地、房产、金银珠宝等涉案财产，在依法固定证据后，经权利人书面同意或申请，并经公安机关主要负责人批准，可以依法先行拍卖变卖，拍卖变卖所得价款暂予保存，待诉讼终结后一并依法处理。权利人明确反对的，公安机关应要求权利人说明理由并书面告知其不先行处置的不利后果。公安机关经审查后认为权利人理由不充分且涉案财产符合先行处置条件的，经人民检察院审查同意后，可以按照上述规定先行处置。

第十七条　【资产灵活保管】公安机关对不宜查封扣押冻结的经营性资产，可以在保证侦查活动正常进行的前提下，允许有关当事人继续合理使用，并采取必要的保值保管措施。

第十八条　【资产代管托管】公安机关对于不宜查封、扣押、冻结的经营性资产要慎用、用好代管、托管措施。代管、托管应当征得权利人的同意，从具备资质的机构、公司中选择资信良好者作为代管方或者托管方。相关程序应坚持公开透明原则，避免暗箱操作、利益输送，代管方或者托管方应当尽善良管理人的注意义务，避免因经营管理不善导致相关资产的流失或大幅贬值。

第十九条　【涉案财产立卷】公安机关应当对非法集资组织、机构及其成员名下或实际控制的涉案财产分别立卷，对犯罪嫌疑人共有或者共同实际控制的涉案财产，列入地位较高的犯罪嫌疑人财产卷宗，同时注明其他共有人或者共同控制人。数名犯罪嫌疑人地位相当的，列入最先抓获的犯罪嫌疑人财产卷中。卷宗内具体包括以下内容：

（一）按本办法第十二条所编制的涉案财产台账；

（二）涉案财产的证据材料。包括犯罪嫌疑人关于财产来源、性质、用途、权属、价值的供述；证人关于财产来源、性质、用途、权属、价值的陈述证言；财产购买凭证、银行往来凭据、资金注入凭据、权属证明等书证；财产价值鉴定、评估意见；以及可以用来证明财产来源、性质、用途、权属、价值的其他证据；

（三）已实施查封、扣押、冻结的法律文书及相关图片；

（四）发还涉案财产的法律文书及相关凭证；

（五）涉案财产调查报告和涉案财产关系图。说明全案涉案财产调查工作的总体计划、实施情况、人员财产关系以及处理意见。但案情简单、涉案财产清晰的案件除外；

（六）涉案财产调查工作的其他材料。

第二十条　【财产处理意见】公安机关在将案件移送人民检察院审查起诉时，应当对涉案财产逐笔逐项地提出具体处理意见建议及理由依据，并出具《涉案财产处理意见（建议）书》作为起诉意见书附件，一并移送人民检察院审查起诉。未列入《涉案财产处理意见（建议）书》的视为未随案移送，由公安机关依法处置。案件进入审判阶段后公安机关再补充移送涉案财产的，应向人民检察院随案移送《涉案财产处理意见（建议）书》，经人民检察院依法审查后再提交人民法院依法处置。

第二十一条　【全面申报核损】对涉及退赃退赔的非法集资刑事案件，公安机关应及时做好集资参与人信息采集和损失申报工作，重点采集、搜集集资参与人身份信息、联系方式、集资数额信息、损失情况信息、个人账户信息等，必要时委托相关机构对涉案财务资料进行司法审计或会计鉴定，并制作电子数据台账，列入涉案主体台账。

第二十二条　【编制主体台账】公安机关应对非法集资刑事案件的涉案主体编制台账，具体内容包括：

（一）被告人的身份信息，被告单位及组织、关联单位及组织的主体登记信息，各犯罪主体的作用、地位及关系图谱等信息；

（二）集资参与人的姓名、身份证号码、联系方式等身份信息及投入、受损数额等集资情况信息。

第二十三条 【提前介入指导】人民检察院应在公安机关对非法集资刑事案件立案侦查后及时介入，指导公安机关开展追赃挽损和财产处置工作，特别是在查明非法集资组织、机构及其成员财产的来源、性质、用途、权属、价值等方面给予充分指导，督导公安机关及时采取查封、扣押、冻结等措施。

第二十四条 【财产审查定性】人民检察院应督促指导公安机关加强涉案财产调查取证和审查定性工作，对于经审查认为不属于涉案财产的，应出具书面意见指导公安机关解除查控措施。对于证明涉案财产来源、性质、用途、权属、价值等的证据不足，以及对涉案财产查控不全面、不充分的，应及时提出补充侦查提纲并通知公安机关补充侦查。对于查控期限即将届满的涉案财产，应通知公安机关及时续行查封、扣押、冻结。

第二十五条 【证据齐备审查】人民检察院应对公安机关在涉案财产调查定性、集资参与人信息采集、损失申报、编制涉案财产和涉案主体台账、司法审计等资产处置基础性工作形成的证据材料是否齐全、是否合法合规进行审查，如有不齐全或存在瑕疵的，应及时向公安机关提出详尽补正意见。经补正后仍不齐全或存在瑕疵的，应要求公安机关书面说明原因。

第二十六条 【财产处理意见】人民检察院在对案件提起公诉时，应当对涉案财产逐笔逐项地提出具体处理意见建议及理由依据，并出具《涉案财产处理意见（建议）书》，同时对尚未足额查封、扣押、冻结而需要继续追缴的其他赃款赃物提出处理建议，对被告人应当适用的财产刑提出量刑建议。

第二十七条 【加强法律监督】人民检察院应当加强对公安机关依

法依规处置涉案财产的工作监督，保障相关权利人的合法权益，对违法违规处置涉案财产的，应当及时向公安机关发出《检察建议书》或者《纠正违法通知书》，要求公安机关予以纠正。

第二十八条　【加强立案审查】人民法院在人民检察院移送起诉时，在财产处置方面应重点审查以下证据材料：

（一）是否附有本办法第十二条规定的涉案财产台账及其内容所涉的证据材料；

（二）是否附有本办法第二十二条规定的涉案主体台账及其内容所涉的证据材料；

（三）是否附有本办法第十一条、第十四条规定的司法审计报告、会计鉴定意见、评估报告等，报告/意见还应附有会计或评估鉴定的基础数据材料；

（四）如有先行处置财产的，是否附有对本办法第十五条、第十六条所列涉案财物先行处置的相关材料，包括资产的权属凭证或其他足以证实权属的证据材料、拍卖、变卖的手续材料、权利人的同意或申请意见书、变现资金的提存凭证等材料；

（五）是否附有公安机关及人民检察院的《涉案财产处理意见（建议）书》。

经两次补充后仍不齐全的，人民法院经依法审查后可予以受理，但人民检察院应对补充情况作出书面说明，公安机关和人民检察院在受理后仍应就未尽事项继续补充调查。

第二十九条　【财物清点移送】人民法院在立案时应会同人民检察院、公安机关对随案移送物品状况逐件或逐批清点核实并与同时移送的涉案财产台账进行核对，人民检察院应向人民法院提供保管人及其联系方式等。对于不便于移送的涉案财物，人民法院可通知暂扣单位继续履行保管责任。

第三十条　【补充侦查说明】人民法院在审理时发现人民检察院、公安机关对涉案财产状况、涉案主体情况调查不清的，应及时通知人民检察院、公安机关更正、补充，经补充侦查后依然不全、不明的，可要求人民检察院出具书面说明。人民法院在必要时可自行调查核实。

第三十一条　【及时续行查控】人民法院在审判或执行过程中，对于公安机关已经采取的查封、扣押、冻结措施，应当在期限届满前及时续行查封、扣押、冻结。人民法院续行查封、扣押、冻结的顺位与公安机关查封、扣押、冻结的顺位相同。人民法院在必要时可通知公安机关续行查封、扣押、冻结。

对于符合本办法第十五条、第十六条可以先行处置的财产，在经人民法院业务分管负责人审批后可以先行处置，具体可由刑事审判部门委托执行部门实施，对所得价款暂予保存，待诉讼终结后一并处理。

第三十二条　【统一裁判标准】人民法院在刑事审判涉财产部分裁判标准上应根据案件主从属性分别作以下处理：

（一）如案件属主案，及时报请上级法院统筹、协调在市、省、全国范围内统一裁判标准；

（二）如案件属从案，不予判处追缴或责令退赔，引导集资参与人向主案办理地司法机关主张退赔损失。

第三十三条　【财产实体处理】人民法院在作出判决时，应当对涉案财产分别作出明确、具体的判决：

（一）涉案财产属于违法犯罪所得及其孳息、收益、犯罪工具，他人利用非法集资机构、组织及其成员违法犯罪活动获取的财产及其孳息收益以及其他依法应当予以追缴、没收或者退赔返还给受损集资参与人的，应当判决予以追缴、没收或者退赔返还给受损集资参与人。

（二）涉案财产属于从事非法集资犯罪活动的个人或者与他人共有的合法财产，如追缴的赃款赃物足以退赔被害人、集资参与人损失且被告人按期缴纳罚金或上缴没收的相应价值财产的，予以退还本人；否则予以移送执行，用于退赔或折抵罚金、没收相应价值的财产。

（三）涉案财产属于集资参与人、善意第三人或者其他人的合法财产，经查证属实，应当判决返还给权利人，但案外人明知被告人实施违法犯罪活动，仍将财产借给被告人用于违法犯罪或者资助被告人逃匿的，应当判决予以追缴、没收或者退赔返还给受损集资参与人。

（四）被告人已被查封、扣押、冻结的涉案财产不足以支付应当退赔集资参与人、被害人的损失的，应判决责令退赔，并继续追缴其他等值财产。

第三十四条　【财产判项内容】人民法院应对涉财产部分作出明确判决，具体包括如下内容：

（一）涉案财产或者集资参与人数量众多，不宜在判决主文详细列明的，可以概括叙明并另附清单。

（二）对被告人违法所得、所用之物，应当明确没收的具体财物及其份额、数额；判处没收、罚金财产刑的，应当明确数额。

（三）判处继续追缴并责令退赔的，应当明确继续追缴或者责令退赔的数额或者计算方法，但涉案财产标的金额巨大、权利主体或者被告人人数众多、需要跨省市执行以及其他影响较大的案件无法明确的除外。

继续追缴的财物是否属于赃款赃物存在争议的，可由人民法院联同公安机关、人民检察院调查取证后认定；责令退赔由人民法院依执行财产的处置措施主动执行。

（四）对随案移送及在审判中查扣的财产，应在刑事裁判时一并处置，对未被认定为涉案财产的，应及时裁定解除查封、冻结、扣押。

（五）刑事裁判应当明确被告人的具体责任内容和范围，对被告人追缴或责令退赔应以其实际的违法所得为限。

第三十五条　【财产继续追缴】判决继续追缴的，由公安机关继续追缴到位后，提请人民法院执行部门依法处置，人民法院执行部门也可自行追缴。对于涉案财产追缴主体有争议的，报请专门工作组协调确定。

第三十六条　【财产裁定补正】在执行过程中，公安机关、人民检察院新发现涉嫌为赃款赃物并移送人民法院，以及案外人、被害人认为或人民法院自行发现刑事裁判对涉案财产是否属于赃款赃物认定有误或者应予认定而未认定的，可以通过裁定补正的人民法院予以裁定补正，具体流程为：

（一）由人民法院通知人民检察院、公安机关进行补充侦查并移送相关证据材料或线索等。

（二）人民检察院对公安机关补充侦查结果审查后向人民法院提出涉案财物的处理意见。

（三）由人民法院召开包括人民检察院、公安机关、相关联的被告人、登记的权属人、其他利害关系人等参与的听证会议。

（四）经审查认定为赃款赃物的，由人民法院出具刑事裁定书补充定性并作出处理意见；经审查无法认定为赃款赃物的，由人民法院通知查封机关予以解封。

人民检察院、相关联的被告人对补正裁定结果不服的，可以向上一级人民法院提起抗诉、上诉，权属人和其他利害关系人对补正裁定结果不服的，可以提请人民检察院提起抗诉。

对于无法通过裁定补正的，人民法院可以自行或告知异议人通过审判监督程序处理。本条中的裁定补正、审判监督结果均不影响对原判决中被告人的定罪量刑。

第三十七条　【财产变现退赔】人民法院在执行时应根据刑事裁判审查认定的涉案财产清单、集资参与人名单及损失数额清单等台账，结合涉案财产拍卖、变卖等情况，综合确定集资参与人损失退赔比例，并在组织集资参与人对损失数额及退赔比例开展核对确认后，综合上述情况编制清案。金融等部门在必要时应予以配合。

第三十八条　【调查程序回转】人民法院在执行时经审查发现涉案财产台账、涉案主体台账中的有关情况不清，影响涉案财产处置及资金清退工作开展的，可以要求人民检察院、公安机关重启损失申报和涉案财产补充调查工作，并通过补充司法审计/会计鉴定意见、刑事补充裁定等方式补充、完善相关证据材料，具体证据标准按本办法的相关规定执行。对是否重启损失申报和补充调查有争议的，报请专门工作组协调确定。

第三十九条　【资金清退开展】编制清退方案后，人民法院应及时开展资金清退工作，金融等部门在必要时应予以配合。

第四十条　【跨区财产处置】对标的金额巨大、涉案财产分散、权利主体或被执行人数众多，需要跨省市执行以及其他影响较大的案件，在党委政法委的统筹领导下，由人民法院以前期侦办工作组为基础，会同人民检察院、公安机关以及金融等相关政府部门联合成立处置工作组，依法及时全面处置相关财产。

第四十一条　【其他事宜规定】专门工作组涉及到的各部门应加强沟通，互相配合，共同做好涉案财产相关工作。

本办法未规定的非法集资刑事案件财产处置其他事宜包括在涉案财产处置工作中涉及的责任追究问题，依照相关法律法规司法解释及其他规范性文件办理。

执行移送破产程序中破产财产的范围划定标准与分配规则构建

吉卓烨*

内容摘要：2015 年我国首度创新性地确立了“执行转破产”制度，2017 年最高人民法院也发布相关指导意见，作出进一步规范。虽然对债务人财产移送问题作出了规定，但是因制度规定得较为原则，该程序尚未发挥出推动破产程序适用、清理执行积案之效果。

笔者通过对执行程序与破产程序衔接过程相关法规的梳理，从实务中常见的几种情形分析现有规则运行中引发的问题，深入揭示现有规则内层逻辑失衡问题，以利益平衡、分配公平为原则，逆向使用“汉德公式”，构建执行程序债权人补偿的计算公式，即 L=B/P，B 是债权人主张权利的成本，P 是债权能够实现的概率，L 是预期补偿。通过上述公式对“执行转破产”中财产进行重新划定和分配。

强制执行程序作为“个别的强制执行”，其价值功能强调债权高效实现；破产程序是一种“整体的强制执行”，其更追求债权平等受偿。两种程序从不同角度发挥社会关系修复功能，并行不悖。但是破产程序的启动构成对执行程序的限制。两种程序衔接发生冲突时，法的效率价值与

* 北京市大兴区人民法院法官助理。

公平价值发生冲突，积极行使权利的个别债权人与破产债权人群体利益发生冲突，又该何去何从？执行财产与破产财产的区分到底依何标准划定？现有法律体系并未提供解决方案。实务中，各地法院各行其是。2017年最高人民法院出台《关于执行案件移送破产审查若干问题的指导意见》（以下简称《执转破指导意见》），第17条分三种情形就“执行转破产”（以下简称“执转破”）财产移送作出规范，但该规定以物权转移的“时间节点”为标准划分财产范围，未从法理基础捋顺两种程序关系，引发客观标准主观化、债权人权利失衡等问题。本文拟从“执转破”程序中财产认定标准异化为切入点，对两种债权实现方式之价值目标和适用原则进行冲突性分析，从而发现冲突解决之道。即财产性质认定应以“收益-补偿”+“行为完成”标准替代以时间为唯一判断节点的“权属转移”标准；财产分配时，逆向使用“汉德公式”，升级构建财产分配方式，以期平衡个别债权人与全体破产债权人利益，实现朴素的公平价值。

一、“执转破”中破产财产范围认定之实践检视

“执转破”实践中，最高人民法院的《执转破指导意见》对无须移交破产程序的三类财产进行了规定,① 此规定虽排除所有权已非被执行人的财产移交破产程序，但却未对执行财产和破产财产进行明确区分导致“执转破”程序制度未发挥其应有效果。

（一）问题提出：破产财产范围认定标准的主客观之辨

情形一：法院做完案款发还登记但尚未到账

A于2019年6月1日向甲法院申请对B强制执行，7月1日法院进

① 《最高人民法院关于执行案件移送破产审查若干问题的指导意见》第17条规定：“执行法院收到受移送法院受理裁定时，已通过拍卖程序处置且成交裁定已送达买受人的拍卖财产，通过以物抵债偿还债务且抵债裁定已送达债权人的抵债财产，已完成转账、汇款、现金交付的执行款，因财产所有权已经发生变动，不属于被执行人的财产，不再移交。”

行案款扣划，7 月 15 日做案款发还登记（尚未完成汇款转账），7 月 17 日，B 被乙法院裁定受理破产申请（见图 1）。

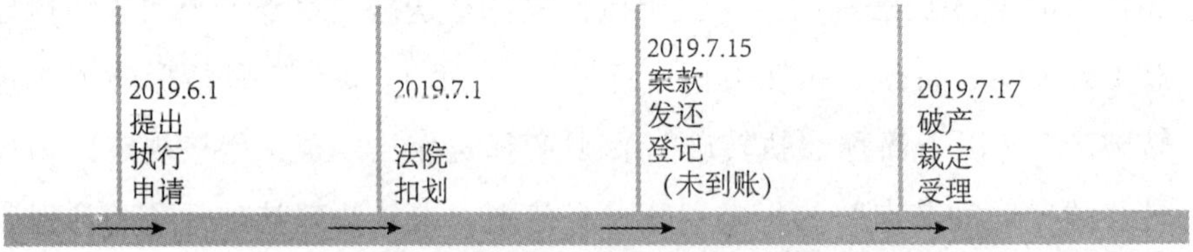

图 1　法院做完案款发还登记但未到账的情形

情形二：法院做完案款发还登记并到账的情形

C 于 2019 年 6 月 2 日向甲法院申请对 B 强制执行，7 月 1 日法院进行案款扣划，7 月 10 日做案款发还登记，7 月 16 日案款到 C 账户，7 月 17 日，B 被乙法院裁定受理破产申请（见图 2）。

图 2　法院做完案款发还登记并到账的情形

情形一案款将纳入破产财产范围，而情形二案款将不纳入破产财产。同样积极行使权利，仅因案款发还时间不同，导致债权受偿结果截然相反。那么，破产财产范围认定依法院发还时间，是否符合法律制定客观标准的初衷？法院行为利益配置影响较大，是否会引发司法权力寻租？

情形三：同案到账时间不同的情形

A、B、C 均于 2019 年 6 月 1 向甲法院申请对 D 强制执行，7 月 1 日法院进行案款扣划，7 月 10 日做案款发还登记，7 月 16 日 A、B 的案款到账，7 月 19 日 C 的案款到账。7 月 17 日，D 被裁定受理破产。

同一笔案款，部分被移送破产程序，部分由执行申请人受偿，是否破坏程序一致性？同案不同结果，是否损害司法权威？是否符合债权平等原则？

图 3　同案到账时间不同的情形

（二）法规梳理："执转破"衔接财产范围划定标准前后不一

我国《企业破产法》对破产财产范围的规定，重心在宣告破产程序后应归于破产财产的范围问题。如破产财产时间上界定的原则为膨胀主义与固定主义①。而对破产受理，与其他程序（如执行程序）的衔接，只在第 19 条规定了执行程序中止。但财产范围并无明文规定，仅有司法解释和答复作为参考（见表 1）。

---

① 膨胀主义模式是指破产财产的范围不仅包括宣告破产时债务人所有的全部财产，而且也包括宣告破产后破产程序终结前破产者新取得的全部财产。固定主义模式将破产财产的范围划定在宣告破产之时债务人所拥有的全部财产。参见付翠英：《破产法比较研究》，中国人民公安大学出版社 2004 年版，第 371 页。

表 1 执行程序与破产程序衔接财产区分法规梳理表

规范名称	条文内容	财产归属
《最高人民法院关于对破产案件的债务人为被执行人的财产均应中止执行问题的批复》(法复〔1993〕9 号)	已决定采取或已经采取了冻结、扣留、查封或扣押措施的	未执行财产属破产财产
《最高人民法院关于审理企业破产案件若干问题的规定》(法释〔2002〕23 号)	尚未执行或未执行完毕的	属破产财产
《最高人民法院关于如何理解〈最高人民法院关于破产法司法解释〉第六十八条的请示的答复》(〔2003〕民二他字第 52 号)	作出执行裁定，未将财产交付申请人的，不属于执行完毕，例外情形如下： (1) 作出生效裁定，履行拍卖程序，对方支付对价，非因其过错导致未过户的； (2) 财产被采取执行措施，脱离被执行人控制，视作已交付	未交付的财产属破产财产，例外情况下为非破产财产
《最高人民法院关于执行案件移送破产审查若干问题的指导意见》(法发〔2017〕2 号)	(1) 已通过拍卖程序处置且成交裁定已送达买受人的拍卖财产； (2) 通过以物抵债偿还债务且抵债裁定已送达债权人的抵债资产； (3) 已完成转账、汇款、现金交付的执行款	非破产财产
《最高人民法院关于对重庆高院〈关于破产申请受理前已经扣划到执行法院账户尚未支付给申请执行人的款项是否属于债务人财产及执行法院收到破产管理人中止执行告知函后应否中止执行问题的请示〉的答复函》(〔2017〕最高法民他 72 号)	已经扣划到执行法院账户但尚未支付给申请人执行的款项	破产财产

通过梳理相关司法解释、答复，可看出“执转破”衔接中，破产财产范围的划定标准发生了变化。

1. 以执行行为结束与否作为区分标准

《最高人民法院关于审理企业破产财产若干问题的规定》中以执行行为的完成与否作为认定破产财产标准。但实务中“未执行完毕”如何确定，却不统一。故《最高人民法院关于如何理解〈最高人民法院关于破产法司法解释〉第六十八条的请示的答复》对此予以明确，仅作出裁定，但尚未将财产交付申请人的，属于“未执行完毕”。同时规定了例外情形：（1）正在进行的执行程序不仅作出了生效的执行裁定，而且就被执行财产的处理履行了必要的评估拍卖程序，相关人员已支付了对价，此时虽未办理变更登记手续，且非该相关人的过错，应视为执行财产已向申请人交付，该执行已完毕，该财产不应列入破产财产；（2）人民法院针对被执行人财产采取了相应执行措施，该财产已脱离债务人实际控制，视为已向权利人交付，该执行已完毕，该财产不应列入破产财产。

2. 以“案款的实际交付”与否为标准

《执转破指导意见》规定：“已通过拍卖程序处置且成交裁定已送达买受人的拍卖财产，通过以物抵债偿还债务且抵债裁定已送达债权人的抵债资产，已完成转账、汇款、现金交付的执行款，因财产所有权已经发生变动，不属于被执行人的财产，不再移交。”可见，执行款是否应划入破产程序，是以“是否对申请执行人”进行了交付为标准的。之后最高人民法院通过答复函方式，再次强化该标准，明确规定已经扣划到执行法院账户但尚未支付给申请人执行的款项，仍属于债务人财产，人民法院裁定受理破产申请后，执行法院应当中止对该财产的执行。

（三）实务分析：“执转破”中破产财产范围划分标准适用困境重重

1. 执行案款扣划时间不可控增加廉政风险

按照《最高人民法院关于执行款物管理工作的规定》第六条规定，

人民法院可将执行案款从被执行人账户直接划至申请人账户，也可划拨至法院专户。实务中以扣划至法院账户为主，扣划案款一两天内可进入法院专户。而案款发还要历经法官认领、财务部门开票、做发还手续、转交财务部门、通知领款，过程历时较长。若是按必须完成转账、汇款、现金交付为标准，则破产财产范围取决于执行法官案款发还速度。当权力支配过多资源时，会产生寻租空间。

2. 利益分配结果射悻随机

亚当斯认为，社会行为深受一种信念的影响，即群体中收益与成本的分配应当平等。换言之，群体成员的付出与收获应当成比例。[①] 债权人积极行使权利，并付出相应成本，如诉讼成本、误工成本、查找执行财产线索等，其对于该成本付出一般会有一个期待补偿心理。社会群体也默认该成员的付出与收获应成比例，对于执行款已在法院控制之下，但因未及时发还或已发还但未到账，而使债权人的努力付之东流，会挫伤债权人实现权利积极性，或让债权人极大获利，不利于公开、正义原则的实现。

二、“执转破”财产划分标准客观化的理论透析

（一）理论基础：执行程序与破产程序的冲突分析

1. 公平与效率价值目标之纠缠冲突

现代破产法以全部债权公平有序受偿为出发点，兼顾债务人利益保护，并在因破产而可能导致经济、社会秩序受损时，将社会利益的因子也纳入考虑范围，从而形成债权人、债务人和社会利益三元一体的多元化功能机制。[②] 破产程序，一是维护全体债权人利益，要将债务人责任财产最大化，限制执行程序之成本消耗以及债权人不合作博弈造成公司整

---

① ［美］艾伦·林德、汤姆·泰勒：《程序正义的社会心理学》，冯健鹏译，法律出版社 2017 年版，第 11 页。

② 童兆洪、章青山：《破产与执行：功能定位与制度调谐》，载《诉讼法论丛（第十卷）》，第 310~311 页。

体财产减少的问题；二是督促公司管理者勤勉工作，预防和减少破产财产减少；三是实现全体债权人最大限度之公共受偿。故公平、公正是其追求价值目标。

强制执行程序要处理的核心问题是如何快速实现债权，确保生效裁判权威性，进而确保国家司法的权威性和法律的严肃性。[①] 故而更追求效率、经济、适当之内在价值。“迟到的公正并非公正”，执行程序中，必须以效益优先。体现在执行财产上，就要求穷尽执行措施将债务人责任财产进行处置，从而实现个别债权人权益。

2. 集体平权与“先来后到”的适用原则之冲突

破产法之价值目标决定其在债权清偿中需遵守以下原则。

（1）债权平等原则。该原则要求排除个别强制执行，如《企业破产法》第16条禁止债务人在破产受理后清偿个别债权及该法第19条禁止个别债权人在破产受理后单独申请强制执行。

（2）集体清偿原则。该原则主要体现在为保护债务人财产整体价值和债权人整体受偿，对债权人的自力救济和强制执行权以及债务人优先清偿个别债权人的行为加以限制。前者体现为破产中止制度，直接关系到本文讨论的主要问题，即破产程序启动对执行的中止效力产生后，两个程序中责任财产之界定问题。而后者体现为破产撤销制度。

在执行程序中，基于“勤收益、懒招损”的社会常识和社会一般认知水平，遵循一般优先原则，对积极行使法律权利、启动诉讼程序、强制执行被执行人特定财产的，应当以债权受偿来认可其为行使权利付出的努力。执行优先主义在各国均有立法体现，如德国有查封质权和强制抵押权，美国有司法担保权益制度。但是，申请人积极行使权利之举动，在债务人财产不能完全清偿全部债权时，有诱发债权人抢夺被执行人财产的风险。故两者适用原则的冲突不可避免。

制度冲突背后是利益的分配与衡量问题，不应任性或简单粗暴、“一

① 谭秋桂：《民事执行原理研究》，中国法制出版社2001年版，第70~71页。

刀切”式地划分当事人利益，而应从利益衡量角度，考量“成本收益”因素，以分配正义与平等原则，构建财产划定标准。

（二）行为定性：案款发还行为非执行处分措施

执行机关对债务人实施强制力之行为，被称为强制执行行为，而其得以运用强制力之权限，被称为强制执行权。执行实施措施分为控制性措施和处分性措施，查封、扣押、冻结、解除占有等为控制性执行措施，而拍卖、变卖、以物抵债、参与分配、强制交付等为处分性执行措施。金钱类执行中，控制性措施旨在防止债务人财产价值减损，而处分性措施会涉及当事人财产权变动、分配数额确定等，会产生影响当事人实际权利变更、灭失等法律效果。

对于金钱类执行，法院有权将被执行人账户钱款划拨至申请人账户，仅为法院监管方便，一般将案款扣至法院账户。然而法院划扣时，被执行人已丧失对该钱款的控制权，法院基于申请人利益代为持有这部分财产，在这一特殊语境下，不应以传统的“占有”标准来判断财产权属。实务中，钱款扣至法院账户后，案件就可以执行完毕方式结案。故法院案款发还之行为并非执行处分行为，而仅仅是法院案款监管后的一项管理工作，不应作为其财产所有权转移之判决标准。

（三）理论反证：“撤销权”不辐射执行行为

破产撤销权制度通过否定偏颇行为和欺诈情形的效力，追回债务人财产。① 按照规定，破产撤销权撤销的对象仅限于当事人“私下履行”行为。而对于债务人经诉讼、仲裁、执行程序对债权人进行的个别清偿，并不在破产撤销范围内。虽然有学者认为，“通过强制执行完成的清偿在性质上仍然是清偿，强制执行既不会导致清偿正当性的提升，也不会改

① 孙兆晖：《破产撤销权制度研究——制度功能视角下的一种比较法进路》，中国政法大学出版社 2019 年版，第 13 页。

变清偿背后的利益格局，故应可撤销”。[①] 但该观点并非通说。强制执行程序并不仅仅为实现个别债权人之债权，其终极目的是实现法的安定[②]。撤销权的范围不包括通过执行程序进行的个别受偿，其暗含的理论基础就是对积极行使权利之人予以奖励。

（四）价值要求：以利益平衡之手段实现公平价值之目标

1.“执转破”中财产界定应以利益平衡为手段

立法过程和司法适用都必须考虑和解决的核心问题，是依照公平正义为核心的一定伦理道德准则保障人民应当享有的各种权利，合理地调整人们之间的各种利益关系。[③]“执转破”中存在着不同种类之间以及同一类主体的整体与个人之间对效益考量的标准差异及其相互博弈的内在机制，特别是债权人之间的利益博弈。破产程序会对债权人之受偿顺序作出调整，其结果一般是积极通过司法程序行使权利、为债务人财产之发现作出贡献之债权人受到反向调整，其债权受偿比例可能大幅降低。则此类债权人会以“假破产”“借破产阻碍执行”之理由对抗破产程序之启动。[④] 而未及诉讼或虽已诉讼却未执行的债权人受到正向调整，其债权受偿比例大幅提升，则其可能滥用破产程序以此达到拖延执行的目的，所以“执转破”程序在制度构建时需要平衡各方利益，使其达到合理的优化平衡状态，而不能不顾各方付出，僵硬地用“案款发还”之时间点来分配各方利益。

2.“执转破”中财产分配要实现公平价值

破产程序作为全体债权人平等受偿程序，公平是其追求的重要价值。而“执转破”程序为推动破产程序之适用，在程序衔接时，公平价值更不能偏废。而对执行程序中的积极行使权利的债权人进行一定的优先保

---

① 许德风：《破产法论——解释与功能比较的视角》，北京大学出版社2015年版，第375页。

② 谭秋桂：《民事执行原理研究》，中国法制出版社2001年版，第60页。

③ 梁上上：《利益衡量论》，法律出版社2016年版，第119页。

④ 刘旭东、陆晓燕：《效益法则框架下“执转破”之功能透视及其制度构建》，载《法律适用》2017年第11期。

护，正是一种公平的体现。“平等应是一种竞争机会的平等，用心勤勉于信用调查及适时努力收取债权的人，应当比未经事前信用调查或者对于到期债权不及时收取的人收到更为优越的报偿，这才符合公平原则。”① “多劳多得”的公平价值观应是评判制度合理与否的最终标准，“执转破”分配制度构建，不仅是个案中当事人利益的平衡，更是两种程序的平衡，不可偏废。

三、汉德公式升级，构建“执转破”财产分配模型

“执转破”中债务人财产范围划定、分配，究其根本是利益划分问题，可深层揭示利益划分内在逻辑，考量诉讼和执行风险变量，逆向使用“汉德公式”，计算出执行中债权人应得利益，再将剩余价值在破产债权人间进行分配，唯此方可实行动态之利益平衡。

不完全信息博弈，是指在不充分了解其他参与人的特征、策略空间，以及收益函数等情况下的博弈。债权人在作出是否通过起诉、执行（策略选择）来实现债权（支付结果），其所依据的信息是不完全的，原因是债权人与债务人、债权人之间信息不对称，所以策略选择能否带来支付结果是存在风险的。

多个债权人谁来主张权利、谁“搭便车”就是一个不完全信息博弈。因此，需加入一个风险变量，信息劣势越明显，获得期待支付结果的概率越小，风险越大，策略选择的对应支付结果就应该越大。

如果债权人对付出成本获得收益的预期是百分之百，不存在风险，则补偿预期就是“回本”，即付出多少成本就补偿多少。如果有风险，也就是付出努力可能没回报，补偿就要提高，而若风险很低，如债权人本身掌握财产信息，补偿相应地就要降低。因此，就要引入风险这个变量，用以控制成本与补偿之间的比例关系。

“汉德公式”是计算风险的经典法经济分析公式，其表述是 B = L×

---

① 谭秋桂：《民事执行原理研究》，中国法制出版社2001年版，第347页。

P。[①] 其中，P 是损失发生概率，L 是损失数额，二者相乘得出的 B 就是预防损失的必要费用（或成本）。对于损失的发生有没有过错，就要看付出的成本是大于还是小于该损失。如果小于损失，说明没有尽注意义务；如果大于损失，说明已尽到注意义务，再发生损失也没有办法了。

汉德公式适用损失发生，即利益从有到无的过程；如果将之逆向解释，变成从无到有的过程，就可以适用于权利主张的场域。L = B/P，B 是债权人通过诉讼和执行主张权利的成本，P 是债权能够实现的概率，也可以理解为搜寻并查控可以变现财产的概率。如果概率小，说明风险大，补偿就要提高，所以风险处于分母的位置可以很好地解释这个朴素的道理。由此，汉德公式可以变更为：预期补偿 = 维权成本/风险概率，以这个数额作为债权人实际消耗，也是对其努力获得补偿的心理预期。

四、“执转破”程序中破产财产的性质认定及分配规则构建

只有打破僵硬地以财产交付的时间点为标准划定破产财产范围的思维定势，对“执转破”相关法律规定的制度逻辑进行矫正，明确以分配正义和公平为原则，平衡各方之利益为基础，构建客观化的财产认定标准，确立合理的分配规则，才是发挥“执转破”程序功能和制度价值的正确路径。

（一）“执转破”财产区分的规范层面

1. 财产类型化分析

根据是否需要进行变价，可将债务人财产分为两大类。

（1）需要变现处置的。需要变价的财产根据是否进行了变价，可以分为已经变价财产和尚未变价财产两类。对于尚未变价财产，按照《企业破产法》的规定，其自然属于破产财产。而对于已经变价财产，按照《最高人民法院关于执行案件移送破产审查若干问题的指导意见》第 17

① 曲振涛、杨恺钧：《法经济学教程》，高等教育出版社 2006 年版，第 209 页。

条的规定，已通过拍卖财产处置且成交裁定已送达买受人的拍卖财产，此类财产的所有权因成交裁定之生效转移至买受人，自不是破产财产，更不是执行财产。而对于拍卖所产生的对价款，其性质如何认定？若类推适用第 17 条第 3 项中关于“执行款”的规定，如前文所述，会产生一些问题。按照目前司法拍卖的相关规定，拍卖财产一般要求买受人缴纳一定比例的保证金，由法官在拍卖公告中规定拍卖成交后一定期限内缴纳剩余款项。而买受人缴纳剩余款项之时间则不固定。故对于已经变价财产，其变价款应依据客观之标准予以认定，以财产分配方案生效之日为标准。

（2）无须变现处置的。其主要包括货币类财产。笔者认为，执行财产与破产财产的划定标准应采取一条更为客观和合理的标准，应该以执行款划扣至法院账户之日为分界点，之后公司被申请破产的，则这部分执行案款就无须移交破产管理人，而是作为执行财产，在现有执行案件中的申请当事人中进行等比例分配。这样既符合债权平等原则，又可激励债权人积极行使权利。

（二）财产分配规则之构建

1. 破产申请受理时点不是划分时点，是判断时点

执行程序与破产程序之分界点为破产申请受理之时，则在破产申请受理之日前，已扣划至执行法院账户之案款，即属于执行财产，而在此时间点之前，已经在执行法院申请执行的全部债权人均可以就案款进行分配，以补偿其诉讼心理期待，具体的分配标准可参照目前参与分配制度之规定。而对于已经变价财产的等价款，破产申请受理之日在拍卖成交之日以后的，已经在执行法院申请强制执行的债权人，均可就后续买受人缴纳的全部等价款按照目前参与分配制度之规定进行分配受偿。

2. 以执行申请人的期待补偿数额确定执行财产范围

执行申请人的补偿数额取决于其付出的成本和承担的风险。而其成本和风险之计算，需要继续深入研究，引入相应的参数。此有待于进一

步研究。而成本和风险的计算及期待补偿之比例均应基于自由裁量权由法官确定。主要分为两种情况：一是诉讼之前未预料到的，在诉讼中发现的大额财产，其风险大，当事人作为信息劣势方，发现概率低，风险大，应多补偿；二是债权人为关联方，作为信息优势方，发现概率大，风险小，应少补偿。

“正义的社会秩序”之最终构建需要执行程序与破产程序配合发挥作用，而执行程序之“效率”价值在符合特定条件下，也应让位于公平原则。如破产企业在资不抵债情况下，其账户之货币财产已经被执行完毕，其名下唯一之财产若仅有一项土地权这种价值巨大的财产，仅因为执行程序申请人先予以申请，而对该财产之发现并无特殊贡献，就让其进行全额受偿，而其他债权人分文不得，确实显失公平。此时可参照本文构建的汉德公式来决定财产之分配。

3. 执行财产与破产财产划分规则转化为补偿后财产处置规则

（1）补偿后有剩余，划入破产财产。在上文确定的程序判断时间点上，当事人的成本、风险得到相应补偿后，其基于“成本-收益”原则所应得的利益已经受偿，则剩余财产应继续归入破产财产中，由“搭便车”的债权人平等受偿。

（2）补偿后无剩余，执行债权人享有限额优先权。在上文确定的程序判断时间点上，当事人的成本、风险进行补偿后，其发现财产已无剩余价值，或其补偿都未足额，则依据破产法之基本原则，借鉴执行优先权，可为其在破产程序设定限额优先权。但是其受偿不能超过其付出。

结　　语

在当前“执转破”程序制度还不完善的情况下，如何衔接两个程序直接决定这一独树一帜的制度所发挥的功能，而财产的移送问题更是重中之重。打破传统僵硬地以权属规则划分两种程序的财产范围之思维定势，回归朴素的“分配正义与公平”原则，合理分配债权人的利益，才能鼓励其共同发力，实现两种债权清偿程序之制度价值。

思辨与革新：被执行人财产报告制度困境剖析与路径构建

王建华*　陈明灿**　余训浪***

内容摘要：“基本解决执行难”目标实现之后，执行工作正朝着构建长效机制轨道运行。财产报告制度无论在法律价值层面还是社会意义层面，都将是有效开启解决执行难大门的重要“敲门砖”，同时也是构建我国社会诚信体系的“助力器”。但司法实践中，仍存在被执行人拒绝报告、虚假报告、申请执行人权利缺位、制度设计不完善、威慑力不足等问题，使制度运行效果受阻，限制了制度价值效能的充分释放。如何实现执行法院与被执行人的“双向互动”营造“三方联动”的有利局面，发挥该制度原本的法律价值，是本文探究的重要方向。本文通过从被执行人之困、执行法院之困、申请执行人之困三个方面展现该制度的实践困境，继而从能动性和规则技术两个方面剖析原因，追根溯源，在对该制度充分把握的基础上，结合立法目的和运用效果，重点在立法设计和实践操作中加以完善，以期实现制度破局与重生，进而推动执行工作朝着“切实解决执行难”目标大踏步迈进。

* 江西省宜春市中级人民法院党组书记、院长。

** 江西省宜春市中级人民法院研究室副主任。

*** 江西省宜春市奉新县人民法院执行局综合办公室副主任。

一、价值呈现——财产报告制度存在的合理性考量

财产报告制度运行以来，在执行过程中发挥了不可替代的促进作用。如何进一步将之普及推广？对制度的价值功能进行分析和考证，有助于深化对该制度的认识。

（一）法律价值

1. 财产调查框架之重要组成部分

自2007年财产报告制度确立以来，理论和实务界一直有观点认为财产报告制度是强制执行手段的补充，但从立法目的看，我国对该制度的价值定位始终都将其视为被执行人财产调查制度的重要组成部分，将其作为财产信息的获取程序。①《民事诉讼法》关于财产报告制度的规定是被执行人未履行义务应向法院报告财产以供法院执行，在拒绝报告或虚假报告的情况下才可进行处罚。2017年《最高人民法院关于民事执行中财产调查若干问题的规定》（以下简称《财产调查规定》）第1条明文规定了执行过程中的四种财产调查方式，即申请执行人提供财产线索、被执行人报告财产、执行法院依职权调查、第三方力量配合，正式将财产报告制度纳入财产调查框架体系，丰富了财产调查的内容，有利于进一步发挥制度效能。《最高人民法院关于公布失信被执行人名单信息的若干规定》第一条亦明确规定，违反财产报告制度的，人民法院应当将其纳入失信被执行人名单，依法对其进行信用惩戒。

2. 被执行人责任分配供给侧之结构改革

没有人比债务人更清楚其自身的财务状况。② 由于财产的私有属性以及公示体系的欠缺，撇开被执行人转而依靠申请执行人和执行法院以及第三方力量等途径来获取被执行人的财产信息无疑缺乏有效性和针对性，

---

① 何晓斐：《我国被执行人财产报告制度研究》，河南大学2016年硕士学位论文。

② 齐树洁：《英国强制执行制度改革述评》，载最高人民法院执行工作办公室编：《强制执行指导与参考》（总第13集），法律出版社2005年版，第189页。

将财产调查的主要责任划归被执行人一方是有效破解财产调查难的重要手段。只有确立被执行人财产报告制度才能实现当事人与法院在民事执行中责任的合理配置。[①] 以被执行人为责任中心的财产调查模式可以有效加强被执行人与执行法院的良性互动，弥补长期以来被执行人在执行过程中的缺位状态，使财产调查链条更为坚固、科学和完善。

3. 执行法院压力之减负

当前，我国“基本解决执行难”目标实现后的执行态势逐步向好，但构建“切实解决执行难”长效机制依然任重道远，案多人少的矛盾依然存在。财产报告制度平衡了执行法院与被执行人之间的责任负担，减少了执行法院有限资源的消耗，使执行更加精准、高效。

4. 执行强制手段之加强

我国立法赋予了执行法院查封、扣押、冻结、拍卖、搜查、强制审计、罚款、拘留，甚至追究刑事责任在内的多种强制执行手段，《民事诉讼法》及其司法解释更是详细列举了妨碍民事诉讼的强制措施。但财产报告制度却单独以一则法律条文的形式来规定违反财产报告制度的法律后果，可见立法给予了财产报告制度顺畅运行坚强的法律后盾，这是执行法院能够充分运用该制度的法律依据。财产释明被视为“对债务人进行法律追究的最后有效手段”。[②] 加重被执行人报告义务，突出执行的强制属性，给被执行人压迫感，客观上加强了制度运行的效果。

（二）社会意义

1. 申请执行人胜诉权益之维护

执行难集中体现在财产调查难，被执行人报告财产是破解财产调查难的关键，继而是破解执行难困境的关键，最终则成为申请执行人胜诉权益能不能得到实现的关键。被执行人主动如实报告财产使被执行人隐秘的财产信息自白于执行法院，敞开了执行法院获取执行标的的大门，

① 杨春华：《被执行人财产报告制度研究》，载《环球法律评论》2008年第3期。
② 杨柳：《德国民事执行之财产释明制度研究》，南京理工大学2012年博士学位论文。

缩短了执行时间，使申请执行人权益得到快速、有效的维护。

2. 被执行人基本权利之尊重

如果在对被执行人造成较小损害时能够达到执行目的，即不应当扩大损害。[①] 执行往往需要被执行人与执行法院良性互动，缺少被执行人参与的执行是不完整也是不科学的。如果一味科以被执行人严格义务，势必造成被执行人的逃离，最终影响执行效果。这就需要尊重被执行人作为当事人的基本权利，使之积极配合法院执行。

科学完善的财产报告制度规定了执行法院行使执行权的权利和界限，充分赋予执行法院强制执行权的同时控制其执行权的滥用，营造被执行人相信执行法院、执行法院尊重被执行人的良性互动局面，使执行从立案到结案的全过程既保护申请执行人权益也尊重被执行人权利，实现执行共赢。

二、实践困境——财产报告之现实困境

（一）被执行人导致的制度困境

1. 拒绝报告屡见不鲜

报告财产的目的是防止当事人在判决后规避执行，提前转移财产，可以通过报告发现财产转移的线索，适时采取执行措施。[②] 但司法实践中，被执行人常常存在侥幸心理，躲避、规避执行的现象和手法层出不穷，拒绝报告的情况屡见不鲜。即使在执行法院采取拘传、拘留强制手段的高压下被执行人也存在拒绝报告财产之现象，使执行陷入僵局。笔者随机抽取了辖区法院 2020 年向 872 人发出的财产报告令相关数据，发现被执行人主动报告率令人堪忧（见图 1）。

① 江必新：《执行规范理解与适用》，中国法制出版社 2015 年版，第 302 页。
② 江必新：《执行规范理解与适用》，中国法制出版社 2015 年版，第 303 页。

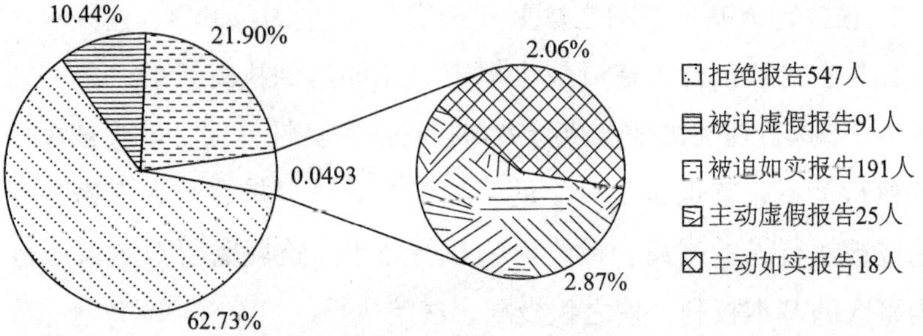

2018年笔者所在执行法院财产报告制度适用率示意图

（注：2018年共拘传280人，拘留36人）

2. 虚假报告屡禁不止

部分被执行人能够认识到违反财产报告制度的严重性，会主动如实向执行法院报告财产，以避开执行。实践经验证明如实报告财产大概有四种情形（见图2）。但此类被执行人在执行过程中极少，虚假报告居多，大多被执行人敷衍报告，也有简单报告显性、抽象、价值低、难执行的财产，还有仅仅是口头阐述而不出具书面材料的模糊报告等不规范、应付式的报告类型。

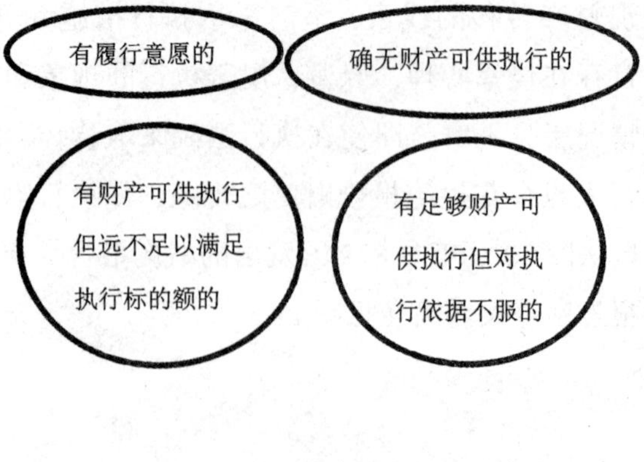

图2　如实报告财产的四种情形

3. 转移财产手法繁多

财产报告制度的立法初衷在于便利执行，而法律漏洞却阻碍了制度效能的发挥。我国《民事诉讼法》规定被执行人报告财产的前提是其未按执行通知履行义务，该规定从2007年运行以来至2017年十年间，司法实务界普遍认为执行通知书未发挥其预期功能。《财产调查规定》认识到这一实践问题，作出“财产报告令应当与执行通知同时发出”的规定，一定程度上缓解了上述尴尬局面，但仍然无法破除转移、隐匿财产的困境。

被执行人在时间适用上有两种，即收到执行通知后三日内履行义务和收到财产报告令后七日或十日（各地法院实践惯例）报告财产，时间上的冲突使被执行人常常无所适从，更容易让被执行人作出转移、隐匿财产的选择。

（二）执行法院所处的制度困境

1. 司法活动与立法目的相悖

如前所述，财产报告制度是财产调查制度的重要方式，而不是强制执行的补充手段，这个价值定位决定了处罚措施的滞后性。实际上，财产报告制度正脱离它应有的价值轨道而转向另一价值，法律规定法院可以对拒不报告财产的被执行人采取拘留措施，发出财产报告令正在成为拘留被执行人的前置程序。① 实践过程中，违反财产报告制度的现象频发、认定较为简单、法律后果较为严厉，执行法院更倾向于将之作为强制措施使用。久而久之，执行法院便忽视了制度的价值定位。

2. 调查核实机制有待加强

我国法律对财产报告制度规范过于笼统，造成执行法院对报告的财产调查核实难度较大，以致于制度出现“空转”，集中体现在有财产报告，没有佐证材料。如被执行人报告享有的第三人债权、无登记的财产

---

① 高春红：《民事执行中被执行人财产报告制度的现状与完善》，载《法制与社会》2013年第31期。

性权利等，不提供详细资料，很难执行。又如，被执行人报告房产、股权、理财产品等，仅是对财产进行简单书面说明，不提供相应指向性证明材料，将核实的责任转移给执行法院，调查核实往往力不从心。司法实践已经证明，单靠法院执行人员的力量是远远不能够满足执行财产调查工作的实际需要的。① 再如，被执行人常常选择报告复杂、难执行的财产，如已设立权利负担、共有、有争议和辖区外的财产，而不报告如银行存款、收入、现金等易于执行的财产，主观上恶意增加执行法院执行难度。

3. 文书送达难

财产报告令送达难是被执行人难找的一个客观存在的现象。当前诸多的司法难题中，送达难无论是审判还是执行阶段都是长期存在的难题，影响着审执质效的提升。当然，送达难有人口流动性大、法院信息获取渠道不畅等多方面原因，在此不作详细分析。财产报告率低的一个重要原因是被执行人没有收到过财产报告令，没有报告的法律认识，也就不存在报告财产的自觉。送达难一定程度上减少了被执行人主动报告财产的途径，无形中增加了财产报告制度发挥作用的难度。

（三）申请执行人所处的制度困境

1. 申请执行人权利缺位

申请执行人作为执行案件一方当事人，扮演的应该不仅仅是“领款人”角色，其应当有权利参与到整个执行过程中来。我国《民事诉讼法》及相关司法解释关于申请执行人的规定乏善可陈，赋予了申请执行人有提供被执行人财产线索的义务性规定，鲜见权利性规定。2009年《最高人民法院关于适用〈中华人民共和国民事诉讼法〉执行程序若干问题的解释》（以下简称《执行程序解释》）和2017年的《财产调查规定》中，增加了关于申请执行人有查询被执行人报告的财产情

① 江必新：《强制执行法的起草与论证（三）》，中国法制出版社2014年版，第339页。

况的规定，但是放开的态度也很谨慎，一是作了保密的补充规定，二是对查询执行法院调取的财产信息作了限制规定。此外，如财产报告制度的重新启动权、异议权、核实权等重要权利未作涉及。没有参与必生嫌隙。申请执行人权利的缺位使其无法发挥出作为执行一方当事人重要角色助力执行的作用。

2. 申请执行人监督缺位

司法实践中，基于强制执行工作性质，法院职权主义色彩较为浓厚，很少吸纳申请执行人参与到执行过程中，忽视了申请执行人的客观价值。以笔者所在的执行法院为例，执行法官将被执行人主动报告或依职权调取的财产信息主动告知申请执行人的情况较少，如遇申请执行人前来询问执行进展则大多予以口头告知，也极少出具书面答复。

此外，在终本程序的严格要求下，执行法官不得不最后告知申请执行人财产信息和执行情况，但已很难起到促进执行的作用。由此可知，赋予申请执行人财产报告制度监督权，让执行过程公开透明，或许能够有效化解申请执行人与执行法院的对抗情绪。

三、追根溯源——制度运行受阻的原因剖析

（一）能动性分析

1. 社会诚信体系不完善

执行过程完美的构想是以被执行人主动履行为主，辅之以执行法院的强制执行，既降低司法成本又最大限度地降低对被执行人的伤害，实现申请执行人的胜诉权益。经济社会高速运转的新时代，社会负面评价体系的欠缺使被执行人失信习以为常，对报告财产无动于衷。有的被执行人存在侥幸心理，企图通过时间来冲淡执行的压力，主动报告财产的意愿不强。

2. 常规性送达乏力

报告财产的前提是被执行人知悉制度并接收到相关文书，这就要求

送达能够顺利到位。然而，当前困扰法院的一个问题就是送达难，这也是财产报告制度有效运行的实践困境。人口快速、频繁的流动，户籍地实地、邮寄、公告送达等常规性送达手段在大多数情况下只能达到形式上的送达而无法真正做到实质性送达，被执行人知悉权的技术剥夺使财产报告制度的作用在初始环节即被限制发挥。

3. 被执行人忽视报告财产的重要性

执行规范化建设要求执行法院办理每一起案件从立案到结案各环节均做到程序到位。在财产报告制度实施之初，各级法院对其效果是充满期待的，如今面临尴尬的境地是因为财产报告制度遭遇被执行人忽视。① 无论是在被执行人还是申请执行人甚至是执行法院的价值观里，执行到位是唯一也是最终的目的，以此为中心的理念使得被执行人主观认为只要最后能够履行债务则报告财产多此一举。而且，被执行人大都不愿将自家私有财产公示于他人。

4. 执行法院存在认识误区

执行法院对制度价值认识上的偏差，从一定程度上忽略了对制度本身价值的探究，使制度未在司法实践者的层面加以推广适用。以笔者所在辖区执行法院为例，通过与执行法官的谈话了解，他们普遍认为该项制度是立法为执行工作配套的一项强制措施，目的是增强执行威慑力。据统计，该执行法院 2016 年至 2018 年拘留的 102 个案例中，以违反财产报告制度为依据进行拘留处罚的有 63 例，占比为 61.76%。

（二）规则技术分析

1. 报告的财产范围狭窄

关于财产报告制度的法律和司法解释均规定报告的范围以被执行人名下的财产为限。少数执行法院会要求被执行人报告配偶名下的财产，但也仅仅是通过做笔录的形式进行询问调查，在制度设计上未予明文规

① 高春红：《民事执行中被执行人财产报告制度的现状与完善》，载《法制与社会》2013 年第 31 期。

定。执行实践中，被执行人转移、隐匿财产至近亲属名下是造成执行难困境的一个重要因素，执行法院和申请执行人即使内心确信但往往苦于无法取证。有实务界认为，报告的主体应当扩大到被执行人及其近亲属，以增加执行标的的范围。但如若作此扩大解释则有违司法原则和精神，故笔者认为不应将主体扩大化，由被执行人报告包括近亲属在内的财产则是一个较为稳妥和合理的安排。

2. 报告的形式有待完善

我国法律只有向被执行人发出财产报告令的要求，未对制度作具体规定。执行法院向被执行人发出的财产报告令格式较为简单，对具体内容未作严格要求，以致被执行人常常简单填写财产有无，不说明财产的具体内容和提供相关证明材料，陷入“报而未告”的误区。执行法院在收到被执行人财产报告后，仍然不清楚财产的权利属性、位置、特征、是否有附着权利和共有关系、执行难易程度等关键要素，执行靶向性不强，无法有针对性地对报告的财产采取行之有效的强制措施。

3. 报告的时间有缺陷

《民事诉讼法》第 239 条规定申请执行的期间一般为从法律文书生效之日或规定履行期间的最后一日起算二年，而第 241 条财产报告制度规定报告的时间为收到执行通知之日前一年至提交财产报告之日，即被执行人报告财产的时间跨度与履行法律义务的时间跨度最大存在一年的间隙，如果被执行人意图转移、隐匿财产则有足够的时间和空间。

随着社会法治意识的提高和司法公开的大力推行，当事人对诉讼风险的预判能力大大增强，案件在诉讼阶段甚至被起诉前，可能败诉一方当事人在诉讼结果出来之前即已将财产进行转移和隐匿，很多执行案件短短一年的财产报告时间无法延伸到转移、隐匿财产高峰期的诉前和诉中。此外，在被执行人提交财产报告的期限上，实践中大多数执行法院规定为七日或者十日，与执行通知书规定的三日履行期存在冲突。

4. 报告的程序不规范

虽然 2017 年《财产调查规定》明文规定报告财产令应当与执行通知

同时发出，但该制度仍需作进一步细化。《执行程序解释》规定了终结报告程序须以裁定的形式作出，但以何种形式发出财产报告令却未加规定，财产报告令在形式和内容上的不统一在一定程度上影响了财产报告制度的严肃性。[1] 由于终结本次执行程序在执行中被大量适用，补充报告的作用应充分凸显，但实践中执行法院要求被执行人补充报告的数量较少，立法上仍需要对补充报告制度再作进一步细化。

5. 处罚力度和威慑力不强

财产报告制度充分发挥作用在于制度有足够的威慑力，威慑力不强是制度运行受阻的关键因素。《民事诉讼法》规定被执行人违反财产报告制度可予以罚款和拘留等严厉处罚，且罚款的数额从最高三十万元提高到一百万元。通过罚款制度，能更有力地保障和督促被执行人履行财产报告义务。[2] 2015 年《最高人民法院关于审理拒不执行判决、裁定刑事案件适用法律若干问题的解释》规定违反财产报告制度的严重情形可以拒不执行判决、裁定罪追究刑事责任，制度的处罚体系进一步完善。但相比德国最高 6 个月、韩国 20 日和美国动辄追究刑责的严厉程度，我国最高 15 日的拘留期限显得力度不够，大量的被执行人在“利益权衡”下宁愿选择失去数天的自由来换取已隐匿财产的安全。

四、寻路突围——制度重生的建构路径

（一）从制度设计上进行修饰

1. 扩大财产报告范围

扩大财产报告范围是个有益的尝试。就范围而言，可分报告的主体和内容两种。法律法规和司法解释在内容规定上作了较为详细的规定，但还可以在如租金、分红等预期收益方面作进一步细化。主体规定上则还有待完善。2017 年最高人民法院明确执行过程中不能追加被执行人配

① 唐丽华、吴超群：《论民事执行中被执行人财产报告制度》，载《群文天地》2009 年第 5 期。

② 冯运才：《被执行人财产报告制度的实践和完善》，载《审判文化》2008 年第 4 期。

偶为被执行人之后，执行工作的开展就更为困难。大部分未执行完毕案件中，普遍存在被执行人转移、隐匿财产至配偶、子女等近亲属名下的情形。

被执行人为自然人的，基于家庭共有财产的不可分属性，可在立法设计上规定被执行人将家庭成员状况、家庭成员财产收入情况一一报告，这样使被执行人的财产无处可匿。① 被执行人为法人的，需区分不同情形。法人财产无法全部履行义务时，可尝试将财产报告的范围扩大到法人的法定代表人、控股股东及实际控制人等主要受益主体，实现财产混同的情况下揭开“公司法人面纱”，追究相关人员侵害法人利益、间接侵害申请执行人权益的法律责任。

一个较为复杂的问题是被执行人报告财产的上下幅度应怎样规范，才能既不侵犯被执行人利益，又有利于法院执行。此情形主要发生在被执行人有足够财产履行全部标的额的案件中，被执行人应当报告其全部财产，还是只需要报告与标的额相当的财产，对此各界说法不一。笔者认为，从法律的谦抑性和比例原则出发，要求被执行人倾囊出示财产特别是财产与标的额相差悬殊的情况下，无限扩张执行权，显然有侵权之嫌。可以考虑规定被执行人报告财产的幅度以标的额 150% 为上限，如此，将 50% 备用额度作为被执行人应支付的利息和迟延履行期间的债务利息是一个较为妥当的安排。上述情形下，还应进一步规定被执行人报告的财产，以如收入、存款、现金等简单财产为先，动产、不动产等复杂财产为后的先易后难执行为原则，控制中间成本，提高执行质效。

2. 完善程序规范

在内容方面。被执行人应当报告自收到执行通知之日前一年至提交书面财产报告之日的时间跨度，显然不适宜执行工作特点，应当延长至与申请执行期限一致的两年时间甚至更长，如此，报告的时间可以覆盖到诉中乃至诉前，弥补被执行人转移、隐匿财产高峰期的时间漏洞。

---

① 邓银、常峻溟：《深化财产报告制度，破解执行难题》，载《楚天法治》2014 年第 4 期。

在形式方面。不论是有效实现执行还是对被执行人实施处罚，起决定作用的是要掌握被执行人财产信息和线索的证据，而此证据的取得，仅靠填表或宣誓报告是不能取得的，英美等国家的务实主义提供了一个很好的借鉴，必须制定相关的制度，即在报告的同时，必须提供上述能够证明报告内容的文件和材料。① 规定被执行人应当报告财产详尽可查的具体内容并提供附件证明，可以防止出现仅以“有无”来敷衍的“报而未告”的问题。

在方式方面。规定被执行人必须本人持书面材料到执行法院当庭报告，以供执行法官当面询问核实，避免现实中存在的被执行人委托无受托资格的第三人机械送达式的报告。如被执行人因客观原因无法在规定期限内报告的，应提前在期限内向执行法官书面说明理由，由执行法官决定是否准许。②

在与执行通知书的关系方面。最高人民法院虽已规定财产报告令与执行通知书一同发出，但未明确被执行人的义务期限。执行实践中，各执行法院操作不统一，财产报告的期限较履行义务的期限更长，理论上存在漏洞，为此，应当明确规定报告财产的期限应短于履行义务的期限。当然，各地实际不同，具体时间上可不作统一规定，由执行法院视情决定，但不宜过长。

3. 与审判、财产保全阶段相衔接

当前，全国法院执行力量配备还有待加强，可考虑将财产报告制度前置到审判阶段尤其是财产保全阶段，由审判法官在庭审笔录中询问可能败诉一方的财产信息进行证据固定，使其在诉讼阶段放松报告财产的警惕性，从而提高如实报告的概率，减轻执行阶段财产调查的压力，同时方便执行过程中对被执行人报告的财产进行比较核实。因查控系统的普及完善，财产保全的工作已大部分交由执行部门承办，规定财产保全

① 杨春华：《被执行人财产报告制度研究》，载《环球法律评论》2008 年第 3 期。

② 详见《重庆市高级人民法院关于被执行人报告财产程序若干问题的解答》（2017 年 7 月 28 日）第五点。

阶段报告财产则可与执行阶段报告财产工作衔接，扩大财产报告制度效应。

4. 赋予申请执行人监督和质询的权利

申请执行人在财产报告制度中作用不可或缺，对胜诉债权获得的迫切性更强烈，所以要真正调动申请执行人的积极性，赋予申请执行人监督和质询的权利。最高人民法院相关司法解释已作出申请执行人对被执行人报告的财产有查询权，下一步应继续加强对制度运行的监督，把核实权适当让渡给申请执行人，提高申请执行人参与度，并赋予其对被执行人报告的财产和执行工作提出异议的权利。通过让申请执行人在执行程序中适当承担监督职责，更加有利于查清被执行人财产状况。①

5. 规范财产报告文书的格式

《民事诉讼法》第241条及相关司法解释规定执行法院应向被执行人发出财产报告令，没有正式法律文书为依据难以彰显制度的严肃性和权威性。财产报告制度的作用重之又重，只有加强制度的连贯性，提高制度的严肃性和权威性，方可使制度效应外溢，故而发出财产报告令也应附裁定文书作支撑。

执行法院向被执行人发出的财产申报表主要以数字法院系统中自动生成的格式文书为模板，该模板以《执行程序解释》第32条为依据，但申报表的格式较为简单，应对财产类型作进一步分解、细化，使申报的效果更加突出。如表格在现有基础上应分别单列财产的类型、数量、位置、权属、证明（如证号、卡号、车牌号、代码等）、是否有权利负担（如出租、担保等）、共有关系、是否有争议、执行难易程度、其他（见表1）。

① 黄永春：《论执行难的成因及破解》，载《法治研究》2008年第11期。

表 1　被执行人财产申报表（现版）

×××法院：

根据你院（201×）赣 09××执×号报告财产令，被执行人　　　　现向你院申报财产如下：

被执行人基本情况	证件号（身份证或组织机构代码证等）	
	住址（或住所）	
	联系电话	
当前财产情况	现金、银行存款、收入等	
	不动产 （土地使用权、房屋等）	
	动产 （交通运输工具、机器设备、产品、原材料等）	
	财产性权益 （债权、股权、股票、债券、投资权益、基金份额、知识产权等）	
	其他财产情况	
一年内财产变动情况		

注：本表不够填写的，可另附表。

被执行人（签名或者盖章）：

年　　月　　日

6. 处罚上形成鲜明导向

《人民法院执行工作纲要（2019—2023）》要求“落实财产报告制度，加大对拒不报告、报告不实等行为的处罚力度，增强制度威慑力”，《人民法院第五个五年改革纲要（2019—2023）》要求“进一步完善被执行人财产报告制度，加大对拒绝报告、虚假报告或者无正当理由逾期报告财产被执行人的惩戒力度”。两份纲要关于财产报告制度的落脚点均是加大处罚力度。

然而我国法律和司法解释对制度处罚的规定比较简单，《民事诉讼法》第241条规定“被执行人拒绝报告或者虚假报告的，人民法院可以根据情节轻重对被执行人或者其法定代理人、有关单位的主要负责人或者直接责任人员予以罚款、拘留”。司法解释则未作进一步细化。从实践效果上看，对违反财产报告制度的处罚未能充分达到制度设计的效果，主要体现在制度的威慑力不足。处罚的后果比较轻微，容易造成被执行人以牺牲短暂的自由来换取逃避高额债务的情况出现。① 完善处罚体系，加大惩戒力度势在必行。当前关于财产报告制度的处罚体系，见图3。

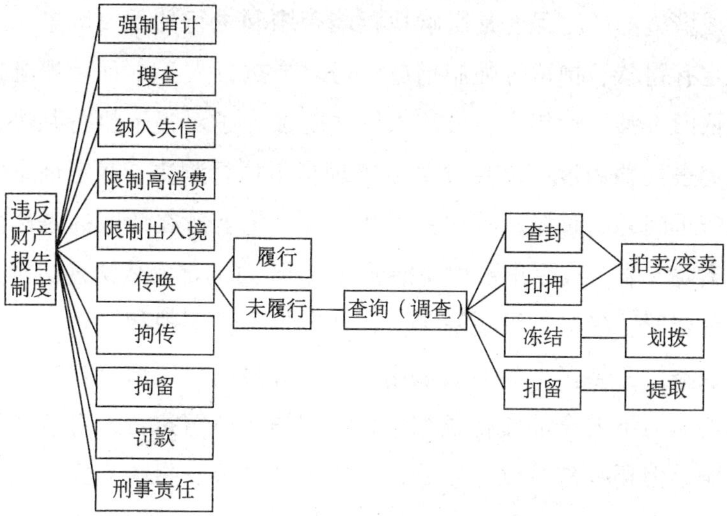

图3　财产报告制度处罚体系

我国《民事诉讼法》加大了罚款的力度，将罚款数额从最高三十万元提高到一百万元，实践过程中取得了良好的效果。但我国的立法体系对无论是行政拘留还是司法拘留的期限规定都不得超过十五日，而《刑事诉讼法》关于拘留的最长时限则有三十七日。② 笔者认为，结合我国刑事领域和德国、韩国等域外经验，可以考虑适当延长拘留期限，综合行政拘留十五日和刑事拘留三十七日取中间值，将违反财产报告制度的拘

① 何晓斐：《我国被执行人财产报告制度研究》，河南大学2016年硕士学位论文。

② 详见《刑事诉讼法》第89条关于拘留期限的规定。

留最高期限提高到二十六日。在此基础上，借鉴刑法条文视情节轻重分层次进行处罚的模式，对违反财产报告制度的处罚同样分层次，通过递进式处罚形成被执行人遵守财产报告制度的鲜明导向，使被执行人主动权衡违反制度产生的不同法律后果，进而充分释放制度的价值和效能。条文可以作这样的规定："被执行人违反财产报告制度的，处十五日以下拘留；致执行难度加剧的，处十五日以上二十日以下拘留；致案件无法执行的，处二十日以上二十六日以下拘留。被动报告的，从重处罚。"

惩戒措施的严厉程度是影响执行能否顺利进行的重要因素。虽然我国已规定有罚款、拘留等强制措施，但对被执行人千方百计规避执行而言力度依旧不够。近年来，最高人民法院加大了对拒不执行判决、裁定行为的刑事处罚力度，出台《关于审理拒不执行判决、裁定刑事案件适用法律若干问题的解释》等相关司法解释，笔者所在地区的省法院也联合省检察院、省公安厅出台相关指导意见，① 目的都是依法惩治拒不执行判决、裁定罪，确保人民法院判决、裁定得到真正执行，确实维护当事人合法权益。三年多来的实践运用效果十分显著，大部分被执行人在追究刑责的压力下或全部履行或和解执行完毕，申请执行人对该制度予以充分肯定。但仍有需要改进之处，主要表现在公安机关立案难、司法程序耗时长。上述司法解释第2条第1款规定"具有拒绝报告或者虚假报告财产情况、违反人民法院限制高消费及有关消费令等拒不执行行为，经采取罚款或者拘留等强制措施后仍拒不执行的"，应当认定为"其他有能力执行而拒不执行，情节严重的情形"，以拒不执行判决、裁定罪处罚。笔者认为，应当进一步放宽立案特别是刑事自诉立案条件，严格规范公检法机关适用法律程序，加大刑事联合惩戒力度。根据近年来统计的数据，笔者辖区法院处理了数起刑事自诉案件，经过艰难反复的沟通协调，最终当事人通过自诉立案。该类案件立案后对被执行人有较大威慑力，往往可以迅速结案。

---

① 详见《江西省高级人民法院、江西省高级人民检察院、江西省公安厅关于办理拒不执行判决、裁定刑事案件的指导意见》，赣高法〔2016〕168号，2016年11月3日施行。

（二）在实践操作中进行加强

1. 转变执行法院的认识

执行法院在认识上要重视制度的价值，在适用制度时切忌“一刀切”，努力为制度运行营造良好的环境。

2. 充分利用现代科技手段进行送达

当今社会，信息化建设快速推进，最高人民法院和笔者所在地区的全省法院适应大数据时代新形势，正大力推进法院信息集控中心、法院三级专网和“智慧云”等信息网络体系。财产报告制度运行受阻的一个重要因素是送达难，导致被执行人制度参与度不高，借助智能化、信息化网络体系是破解送达难问题的有效方式。笔者所在地区全省法院通过收转发 E 中心送达收效甚佳。同时还可以借助微信、电子邮箱等简易、高效送达方式进行送达，提高成功送达率、当事人知晓率、财产报告制度适用率。

3. 加大法治宣传广度和深度

针对被执行人对财产报告制度重视程度不高的现状，应当加大法治宣传使被执行人将制度内化于心、外化于行，做到自觉遵守财产报告制度。通过线上线下、传统和新兴媒体相结合，将财产报告制度宣传纳入执行普法宣传活动中，重点宣传正面典型和反面案例。以社区、村组、工厂、广场、学校等场所为单元，通过群众喜闻乐见、易于接受的方式开展宣传，增强宣传引导性，扩大受众面积，提高宣传的广度和深度，提高宣传频率，使被执行人知制度、学制度、守制度、用制度，内外结合形成财产报告制度的强大共振效应。

本文研究的目的重在挖掘制度的价值，但在研究层次上还比较浅显，在制度完善方面的举措还不够全面，特别是对处罚体系未能进行系统、深入的分析，希望司法者和法律界同仁在实践的基础上加强理论研究和进行立法规制，实现破局。

附件：

我国强制执行法关于财产报告制度立法建议条文

第×章　财产报告制度

第一条　财产报告制度是财产调查体系的主要组成部分，首要价值在于发现被执行人可供执行财产。

第二条　诉讼活动中，因案件审理需要，人民法院可以责令当事人报告财产。当事人申请财产保全的，应当责令被保全人报告财产。

第三条　被执行人未按执行通知履行法律文书确定的义务，申请执行人有权向人民法院申请或人民法院依职权责令被执行人报告财产情况。

责令被执行人报告财产的，应当作出裁定，并发出财产报告令。金钱债权执行中，执行裁定书、财产报告令应当与执行通知同时发出。

第四条　财产报告令应当载明提交财产报告的期限、报告财产的范围和期间、补充报告财产的条件和时间、法律责任以及人民法院认为有必要载明的其他事项。

财产报告令应附财产调查表，被执行人必须按照要求逐项填写并提供证明材料。

第五条　提交财产报告的期限应不超过执行通知书的履行义务期限。

第六条　报告财产的范围应包括被执行人及其配偶、子女等近亲属名下的财产。被执行人为法人的，法人财产无法全部履行法律文书确定的义务时，法人的法定代表人、控股股东及实际控制人等对法人活动起决定作用的人应报告个人名下财产。

财产报告幅度应以执行标的额的150%为限。

第七条　被执行人应当在报告财产令载明的期限内当庭向人民法院

书面报告下列财产情况，并书面承诺未作虚假报告：

（一）收入、银行存款、现金、理财产品、有价证券；

（二）土地使用权、房屋等不动产；

（三）交通运输工具、机器设备、产品、原材料等动产；

（四）债权、股权、投资权益、基金份额、信托受益权、知识产权等财产性权利；

（五）其他应当报告的财产。

被执行人的财产已出租、已设立担保物权等权利负担，或者存在共有、权属争议等情形的，应当一并报告；被执行人的动产由第三人占有，被执行人的不动产、特定动产、其他财产权等登记在第三人名下的，也应当一并报告。

被执行人在报告财产令载明的期限内提交书面报告确有困难的，可以向人民法院书面申请延长期限；是否准许，由人民法院决定。

被执行人确因客观原因无法当庭报告的，应当委托熟悉其财产情况的有资质的受托人向人民法院报告并说明理由。

第八条 报告财产的期间为被执行人自收到执行通知之日起前两年至提交财产报告之日，其财产情况发生下列变动的，应当将变动情况一并报告：

（一）转让、出租财产的；

（二）在财产上设立权利负担的；

（三）放弃债权或延长债权清偿期的；

（四）支出大额资金的；

（五）放弃或接受赠与、继承等纯受益行为的；

（六）其他影响生效法律文书确定债权实现的财产变动的。

第九条 被执行人报告财产后，其财产情况发生变动，影响申请执行人债权实现的，应当自财产变动之日起十日内向人民法院补充报告。补充报告的程序依照本章规定。

第十条 对被执行人报告的财产情况，人民法院应当及时调查核实并主动向申请执行人公开，接受申请执行人监督和质询，必要时可以组织当事人进行听证。

申请执行人有权查询被执行人报告和人民法院依职权调取的财产情况，但涉及国家秘密和第三人隐私的除外。申请执行人及其代理人对查询过程中知悉的信息应当保密。

第十一条 被执行人拒绝报告、虚假报告或者无正当理由逾期报告财产情况等违反财产报告制度的，人民法院可以根据情节轻重对被执行人或者其法定代理人予以罚款、拘留；构成犯罪的，依法追究刑事责任。

人民法院对有前款规定行为之一的单位，可以对其主要负责人或者直接责任人员予以罚款、拘留；构成犯罪的，依法追究刑事责任。

第十二条 被执行人违反财产报告制度的，处十五日以下拘留；致执行难度加剧的，处十五日以上二十日以下拘留；致案件无法执行的，处二十日以上二十六日以下拘留。被动报告的，从重处罚。

第十三条 被执行人具有拒绝报告或者虚假报告财产情况等拒不执行行为，经采取罚款或者拘留等强制措施后仍拒不执行的，应当以拒不执行判决、裁定罪处罚。相关单位必须严格依法追究刑事责任。

第十四条 申请执行人有证据证明同时具有下列情形，可以向人民法院提起自诉，人民法院认为符合刑事诉讼法第二百零四条第三项规定的，应当立案审理，执行法院应当积极配合：

（一）负有执行义务的人拒不执行判决、裁定，侵犯了申请执行人的人身、财产权利，应当依法追究刑事责任的；

（二）申请执行人曾经提出控告，而公安机关或者人民检察院对负有执行义务的人不予追究刑事责任的。

第十五条 被执行人拒绝报告、虚假报告或者无正当理由逾期报告财产情况等违反财产报告制度的，人民法院应当依照相关规定将其纳入失信被执行人名单和限制高消费。

第十六条 有下列情形之一的，财产报告程序终结：

（一）被执行人履行完毕生效法律文书确定义务的；

（二）人民法院裁定终结执行的；

（三）人民法院裁定不予执行的；

（四）人民法院认为财产报告程序应当终结的其他情形。

发出报告财产令后，人民法院裁定终结本次执行程序的，被执行人应当每季度定期报告财产。定期报告的程序依照本章规定。

【调研与实证】

2018年至2020年涉及有限责任公司股权执行案件调研报告

——以上海市第一中级人民法院为样本

叶煜楠*

“切实解决执行难”对法院执行工作提出了更严格的要求和标准。有限责任公司的股权作为执行案件中较为常见的被处置财产，在处置的过程中，经常由于有限责任公司人合性特征、涉案股权价值难以确定、评估费用较高等原因，导致变现困难，在被执行人无其他财产可供执行的情况下，更易引发申请执行人对执行效率和效果的不解与矛盾。为提高执行效率，实现处置财产价值最大化的原则，让人民群众在每个执行案件中都能感受到公平正义，本文以上海市第一中级人民法院（以下简称上海一中院）为样本，通过数据总结分析2018年至2020年三年来涉及有限责任公司股权执行案件的特点、办理难点，从难点反溯分析原因，力争为实务困境找寻出路。

一、涉及有限责任公司股权执行案件的总体情况及特点成因

2018年1月至2020年12月，上海一中院共有1171件案件启动司法

* 上海市第一中级人民法院执行局法官助理。

拍卖程序，其中股权类执行标的51件，拍卖成交23件，成交率约为45%。二拍流拍后，3件启动变动程序，但均未成交。最终只有5件案件的申请执行人接受以物抵债。所有股权处置类案件中，小额股权处置（即被执行人持股比例不超过30%）占20件，最终拍卖成交8件，成交率仅为40%。经统计分析，有限责任公司股权执行的特点及成因主要如下。

（一）申请执行人股权处置意愿低

启动司法拍卖程序的1171件案件中，股权处置类案件仅占比4.4%，当事人处置意愿低。其中一个原因是《最高人民法院关于人民法院确定财产处置参考价若干问题的规定》第33条明确了委托评估费由申请执行人先行垫付，股权拍卖的低成交率导致部分申请执行人不愿垫付，防止债权金额受损扩大，使得股权未能进入评估、拍卖程序（见图1）。

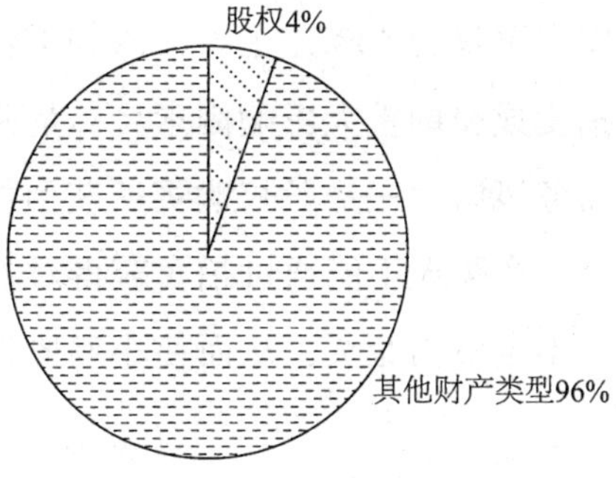

图1　股权处置类案件的占比（2018年至2020年）

（二）申请执行人不愿接受以物抵债

拍卖、变卖失败后，在51件股权处置案件中，仅有5件最终接受以物抵债，占比仅为10%，且被执行人持有的公司（以下简称目标公司）股权比例均较大，小额股权没有申请执行人愿意接受以物抵债。实践中，多数申请执行人认为股权不具有实际市场价值，或不能与其债权形成等额价值，接受以物抵债后恐难以变现或获得实际利益。即使被执行人名下除股权外无其他财产可供执行，申请执行人也不愿意接受以股权冲抵债权（见图2）。

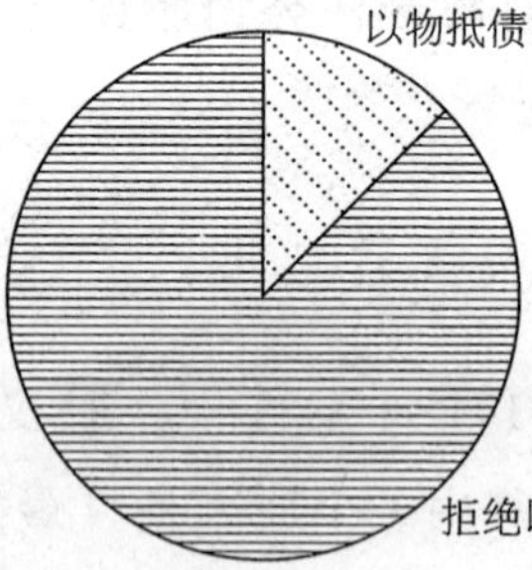

图2　拍卖、变卖失败后，当事人接受以物抵债的占比

（三）小额股权难有受众受让

小额股权拍卖成交率仅为40%，主要原因如下：一是争取对目标公司的控制权是股权拍卖成交的重大影响因素；二是股权价值具有不透明性，受让股权或有债务风险；三是股权购买所获回报不及时。因此，如果待拍股权份额较小，竞买人不能通过拍卖获得对目标公司的控制权或重大影响力，其往往不会参与竞买，从而使小额股权受众较窄，拍卖成交率低（见图3）。

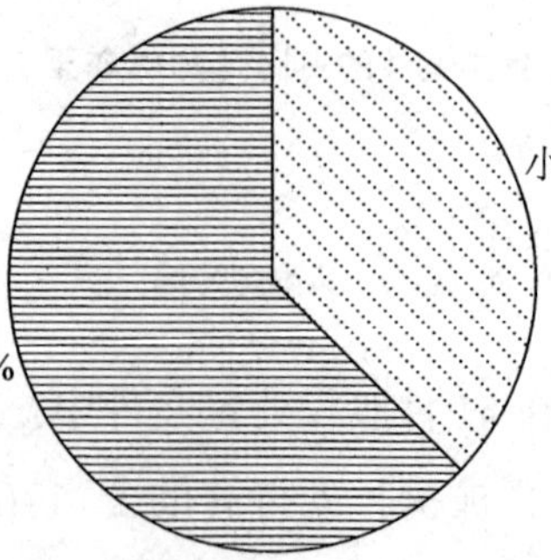

图3　小额股权成交率

（四）部分股权评估价值为负值

实践中，部分除负债外已无其他可变现资产、严重负债经营的目标公司股权，经依法评估，其价值为负值。此类股权多分布于刑事财产刑执行案件中。一般情况下，负值往往意味着无益拍卖。但股权评估价值为负值不直接等同于无处置价值，经刑事案件被害人申请，或民事执行案件申请执行人申请，在满足条件的情况下，执行法院可依法对此类股权启动司法拍卖程序。

二、涉及有限责任公司股权执行案件的办理难点

（一）目标公司配合度低

股权评估所需的相关资料，如财务报表、会计凭证、对外重要负债依据等，由目标公司内部掌握，不具公开性。而实践中目标公司受制于股东或出于信息保护，不愿意配合，并多以材料遗失为由拖延提供上述材料，在缺乏有效证据证明目标公司是故意拖延或拒不提供的情况下，执行法院难以对其不配合行为采取强制措施，同时，执行法院无其他渠道获取评估所需材料。

（二）股权价值难以固定

公司作为独立法人，在符合法律规定、公司章程的情况下，享有自主经营权。因而执行法院冻结目标公司的股权后，既不能干预目标公司的经营活动，也不能直接对其资产进行查控，即使确定了股权处置参考价，待拍卖过程中目标公司仍可进行资产运作、对外担保等，可能导致涉案股权的价值下降波动，直接影响拍卖成交。

（三）股权处置参考价难以确定

一是确定股权处置参考价方式少。股权因其特殊性，仅能选择委托

评估或当事人议价方式确定处置参考价，不宜采用询价方式。二是委托评估需具备资料齐全等条件，但实践中，经常出现目标公司住所地难找、以资料遗失为由不予配合等情形，使得股权评估缺少必要材料，导致股权价值难以确定。

（四）司法评估费用较高增加申请执行人负担

由于股权评估需审查众多资料，涉及会计等专业知识，客观上导致评估工作量大、专业性强、评估费用较高。部分案件中目标公司以股权投资的方式建立子公司，评估该目标公司股权的价值还需调取其名下子公司的相关资料，加剧了股权评估内容的复杂性，由此产生的评估费用也更高。这对于执行中债务尚未得到清偿的申请执行人而言，先行垫付评估费用是一笔额外的支出。

三、涉及有限责任公司股权执行的规范要点

（一）查明并充分披露股权权利负担

部分案件中，被执行人在持有目标公司股权时，其权利即受到事先约定的限制。比如，在某股权执行过程中，查明被执行人在受让目标公司股权之初，即与目标公司及案外人签订三方协议，约定由该案外人经营管理目标公司，并将该目标公司经营利润的 50%分配给案外人。该协议为当事人意思自治之结果，受法律保护，不仅将对股权评估价值产生重大影响，若法院最终决定司法拍卖之买受人亦须受上述协议之约束，还必须在拍卖公告中予以充分披露。因此，对各待处置股权是否存在权利负担和限制，法院须做到事先查明，事中考虑，及时披露。

（二）加强对申请执行人的引导

《最高人民法院关于人民法院民事执行中拍卖、变卖财产的规定》第 25 条明确，申请执行人在穷尽拍卖、变卖措施后，仍不愿意就股权进行

以物抵债的，执行法院应当解除冻结，将该财产退还被执行人。据此，在执行过程中，申请执行人申请对被执行人持有的股权进行拍卖或变卖的，执行人员应加强法律引导。除明确要求预先交付委托评估费用外，对申请执行人不接受以物抵债方案的，告知上述法律规定，减少申请执行人对明显不具有市场价值的股权要求处置的情形，减少执行成本的浪费。

（三）谨慎处置评估价值为负值的股权

对于评估价值为负值的股权，执行法院应把握两大原则：一是原则上对评估价值为负值的股权不予处置，但申请执行人或刑事被害人要求处置并垫付相关费用的除外；二是不得无益拍卖，处置参考价的确定须高于包括优先债权、委托评估费、拍卖辅助费、执行费等在内的变现费用。同时满足上述两项原则，法院方可对价值为负值的股权启动处置程序。

（四）加大对目标公司的执行威慑

在选择委托评估方式的操作过程中，针对目标公司拖延提供材料等不配合行为，导致评估过程严重受阻、评估周期变长、评估价值不真实，对执行程序造成了实际影响。此种情况，应当对目标公司加大执行威慑。

执行法院应先对目标公司送达协助执行通知书要求限期提交相关资料并警示法律后果，协调沟通无效后，对除目标公司能举证证明其愿积极配合，但确因客观情况无法提供评估所需材料的情形外，对其进行训诫、罚款，情节严重者，对其法定代表人或主要负责人进行拘留，并责令立即配合评估。[①] 具体罚款数额及拘留期限，根据《民事诉讼法》第115条之规定确定。同时，目标公司拒绝配合评估被执行人持有的股权价

---

① 依据《民事诉讼法》第111条、第114条、《最高人民法院关于适用〈民事诉讼法〉的解释》（以下简称《民事诉讼法解释》）第191条。

值，视为隐匿被执行人财产，法院有权对目标公司进行搜查[①]，根据评估机构资料需求，强制提取相关文件。

针对目标公司恶意处置资产致股权价值贬损的问题，法院可在冻结股权当时，即对其送达协助执行通知书，要求法人在经营过程中不得故意作出损害股权价值的行为，并约谈目标公司法定代表人或主要负责人，明示法律规定及后果。若目标公司不予配合，执行法院应立即采取相应处罚。同时，为进一步加强外部制约，上海市高级人民法院与上海市市场监督管理局已形成《关于进一步规范协助执行机制的会议纪要》，从制度上严格限制目标公司在股权冻结后变更股权情况的发生。根据该纪要第3条规定，对已被冻结全部股权或者控股股权的被执行人所投资的目标公司，相关市场监督管理局应暂停受理目标公司办理出资比例变更、增资、扩股等业务申请。

若目标公司住所地并非同一辖区，法院系统内应加强协作。

执行法院通过向目标公司住所地管辖区域的法院发起协助请求，以对故意不配合或以不作为方式暗中阻碍评估的目标公司予以跨区惩戒。

（五）合理确定评估、拍卖费用

评估机构的收费上限问题，由于评估工作的特殊性，暂无规定硬性上限。实践中，申请执行人不愿垫付高额股权评估费用导致处置程序终止的情形较为常见。为切实保障申请执行人利益，规范司法鉴定的收费标准，上海市高级人民法院与上海市各司法鉴定名册机构达成《关于法院司法委托鉴定收费标准和工作时限的约定》，其中对股权等资产评估的收费标准，明确规定根据评估额[②]、费率、完成时限三个系数进行计算。

针对部分案件中委托评估费、拍卖辅助费用过高增加申请执行人负

① 依据《民事诉讼法》第248条、《民事诉讼法解释》第496条。

② 依据《关于法院司法委托鉴定收费标准和工作时限的约定》（沪高法〔2006〕26号）第3条规定：“涉及到股权的评估额按案件审理中评估收费标准计算，一般按需评估的标的金额为准。”

担的情况，一方面，法院要加强审查，剔除评估、拍卖机构的不合理收费，同时亦要考虑评估工作的实际复杂性，尊重现有法律无限定评估费用上限，严格把控特殊情况下委托评估费、拍卖辅助费用的减少；另一方面，法院要做好对股权处置的审核，股权本身明显不具备价值或申请执行人债权受偿比例极低的，应明确告知申请执行人，不予启动无益拍卖。

（六）保障优先购买权

根据《最高人民法院关于人民法院网络司法拍卖若干问题的规定》第12条、第16条，股权拍卖，应当在拍卖三十日前公告，拍卖公告发布三日前应以书面或者其他能够确认收悉的合理方式，通知已知优先购买权人。因此，应当由法院在拍卖公告发布三日前向目标公司进行发函，告知其部分股权将被强制拍卖的具体事实，要求目标公司通知全体股东，及时向法院书面表明优先购买权的行使，并至拍卖辅助机构进行登记，否则即视为放弃。目标公司应及时召开股东会，在会上向各位股东传达法院的决定，并做好股东会记录。

其他股东意欲参与竞拍的，根据执行法院发布的拍卖公告信息，在参加拍卖前实名交纳保证金，经人民法院确认后，取得优先竞买资格及优先竞买代码、参拍密码，并以优先竞买代码参与竞买。优先购买权“同等条件”即以拍卖公告披露事项为准。

四、上海一中院股权处置案件的机制探索

（一）统一股权处置规则，遵循股权处置流程

有限责任公司股权的处置，应遵循法院依法享有处置权是前提，判断股权具有处置价值是关键。处置过程中，注重选择适当的确定处置参考价方法。根据申请执行人所提供的股权线索：一要依法冻结涉案股权；二要确定执行法院依法享有处置权；三要判定涉案股权具有处置条件，

具体包括：（1）目标公司除注册登记地外，实际存续且能找到住所地，（2）评估所需资料完备；四要判断涉案股权是否具有处置价值，不具有处置价值的，视为无益拍卖，不予启动司法处置程序；五要选择确定处置参考价方法，采用“委托评估为首选、当事人议价为补充”的原则。拍卖成交后，依法向买受人、被执行人及目标公司送达转让裁定，并要求相应的市场监督管理局协助办理股东变更登记及公示。

（二）重大事项集体讨论，规范流程防范风险

财产的拍卖处置对于当事人权益影响重大，为防范廉政风险，完善执行工作运行机制，对此，上海一中院推行局务会集体讨论并拟定《关于执行案件重大事项集体讨论规定》。根据规定，股权、股票、不动产等财产在进入司法处置程序后、承办人正式提交上网拍卖前，承办人需填写财产处置讨论记录表并呈交局务会，表内详细记录待处置财产的查封情况、权利负担、应缴税费等内容。承办人汇报案件基本情况，介绍待决事项，局务会成员讨论该财产是否有处置的必要，以及处置过程中的特别注意事项。对于可能涉及无益拍卖、财产具体状况未完全清晰、经讨论认为该财产尚不具备处置条件等情况的财产，局务会将作出暂不予上网拍卖的决定。同时，上海一中院加强疑难复杂案件专家法官会议讨论研判，不断提高执行案件质量。

（三）借力科技手段，落实透明执行

为进一步促进执行工作的公开透明，加大对执行工作的管理和监督力度，上海一中院于 2019 年自主开发了规范透明执行办案软件（以下简称软件）。执行立案后，软件即能主动向当事人推送执行的主要流程和期限，执行过程中，及时告知执行进展以及后续执行措施等 33 个关键信息点。当事人亦可通过软件联系法官、在线留言，就案件相关情况与法官进行便捷沟通。对于财产处置等当事人尤为关注的事项，软件的应用有利于确保当事人的知情权、参与权和监督权，主动将执行过程全面透明

化，以公开倒逼执行规范。同时，借助科技平台，减少了当事人对执行工作的误解，明晰“执行难”与“执行不能”的区别，通过监督股权评估、拍卖的全流程，减少执行矛盾，化解因执行不能而产生的抗拒心理。

（四）贯彻落实善意执行理念，充分保障当事人权益

在最高人民法院善意文明执行理念的指导下，在日常工作中，上海一中院充分注重被执行人和申请执行人利益的衡平。依法保障胜诉当事人合法权益的同时，最大限度地减少对被执行人权益的影响。严禁股权超标的查封，尽可能降低因股权查封而对目标公司正常生产经营产生的负面效应，并充分保障被执行人、相关案外人执行异议的权利。

把执行权力关进监督制约的笼子里

——以福建法院的探索与实践为视角

许寿辉* 兰子君**

内容摘要：本文从理论和实践两个维度寻求探索破解执行权监督制约的难题，首度通过将执行权与审判权的权力性质与哲学上“运动和静止”的关系相衔接，进而剖析当前监督制约体系所面临的制度困境。一方面，坚持数据说话，穿透式分析当前影响科学监督制约权力运行轨迹的诸多要素；另一方面，以福建本土实践为视角，探索实现优化执行权监督制约机制的具体路径。

引　言

党的十九大报告提出，我国社会主要矛盾已转化为人民日益增长的美好生活需要和不平衡、不充分发展之间的矛盾。这一正确的论断亦客观反映到法院执行领域——从传统的单一关注申请人是否执行到位的需求，不断发展为既要执行到位，又要善意文明关注被执行人的生产生活等多元需求。与审判相比，执行呈动态性、紧迫性、反复性、对抗性、外在性、分散性、碎片化、周期长、节点多等特点，或紧或松，或快或

* 原福建省高级人民法院一级巡视员、执行局局长。
** 福建省宁德市中级人民法院执行局审判员。

慢，或严或宽都直接关系到利益的实现，客观上执行权力寻租空间较大，被围猎概率也大，如缺乏有效制约监督，极易导致执行岗位违法违纪现象多发、易发。因此，如何把权力关进制度的笼子里，尤为重要。

一、执行权监督制约机制运行现状

当前，执行改革如火如荼，尤其是通过构建“三张网”，即财产查控网、联合信用惩戒网和财产处置司法拍卖网，取得了令人瞩目的成效。但客观讲，在织密“第四张网”，即执行权制约监督网的建设上还有所欠缺。纵观现行执行权制约监督体系，主要有三种样态：（1）执行局内部监督（裁执分离→分段集约→层级管理→智能监控）；（2）执行局外院内监督（层级监督、信访督办、司法巡查、纪检执纪问责监督（如反规避执行、反干预执行、反消极执行、反选择性执行）→“一案双查”→“清风”系统）；（3）院外监督（党委巡视→政法委执法监督→人大、政协监督，包括代表委员反映案件的督办→检察法律监督→监督员→信息公开→网络直播→舆情监督等）。尽管监督制约方式多种多样，但制约监督的短板与异化现象依然存在。

一是违纪违法态势依然严峻。根据中央政法队伍教育整顿办公室发布的数据显示，2021 年政法队伍教育整顿开展以来，法院系统因审判执行等问题处理处分干警 2.4 万人①。

二是涉执信访依然突出。福建省法院涉执信访投诉虽呈总体下降趋势，2020—2021 年，福建省来省、进京访约 1.9 万件，其中涉执信访约 1700 件，占 9%。但是反映的问题十分集中，主要表现为消极执行、选择性执行、慢作为、不作为，执行案款发放不及时不到位，违规终本、久拖不执、违规结案等问题上。

三是精细化监管能力不足。虽然各个法院内部也制定了分段集约等工作规程，从制度上对实施权和审查权分工制衡，但对每个案件、环节、

---

① 《全国政法队伍教育整顿第二次新闻发布会》，网址：http：//www.chinapeace. gov.cn/chinapeace/wzslhhggkgntvf/2021-08/30/content_ 12530473.shtml，最后访问时间 2022 年 4 月 4 日。

节点、财产仍然缺乏科学有效的信息化评价手段。“一案双查”机制发端于福建省，但福建高院层面启动较多，中基层法院担心影响工作积极性，往往是一年象征性查处一两件，难以起到抓早、抓小的效果。

四是外部监督作用不明显。内部监督与外部监督脱节作用限于对发现问题的惩戒，事前防范不足。

二、执行权监督制约机制不畅的原因剖析

上述可知，从形式上看，对执行权的监督，不可谓不多，但涉执违法违纪行为仍然存在，深入研究后我们认为，既有执行岗位高风险的客观因素，也与制约监督体制机制尚待完善相关。

（一）监督机制不够健全

1. 分段集约模式仍需完善

执行分段集约的改革，剑指一人包案到底的模式，较好地解决了执行实施权过度集中的问题，但监管和协作难题也随之而来。在运转方面，由于多个团队同时运行，承办人员随之变换，纸质卷宗在不同团队、人员之间流转，不可避免地出现阅卷迟延和流转缓慢以及当事人“不知道找哪个承办人”等问题；在协作方面，各个团队在信访答复、接待当事人上亦存在推诿扯皮的“责任分散效应”。

2. 流程节点管控存在漏洞

主要问题是在系统留痕监管方面未实现段与段、团队与团队之间的数据归集，系统数据和线下实际情况的不匹配。同时，基于执行应急性、分散性和流动性特点，节点监管很大程度上取决于承办人员的及时回填和补录，由于系统操作体验不佳，客观上节点信息录入工作量又大，自动化水平不高，导致是否及时录入、录入是否准确主要取决于承办人的自觉性。以“总对总”“点对点”查控系统为例，两套系统目前已经基本实现查询、控制财产的功能，但除对银行存款信息查控较为完善外，系统反馈的其他财产信息并不准确，也不会自动纳入系统监控，往往需

要承办人线下校核后再结合实际情况决定是否录入系统。

3. 管理认知存在盲区

审判权和执行权的差异性已成共识，但对执行的管理，仍沿用审判管理的传统方法。辩证唯物主义告诉我们，运动是物质的固有性质和存在方式，是绝对的、无条件的，静止是从一定关系上考察运动时，运动表现出来的特殊情况。司法实践中，审判案件通过审查法律关系结合对历史事实的举证责任分配来厘清案件的内在逻辑，形成最后的判断。因此，审判案件可以归纳为对历史某一时段已经发生的事实，在静态上作出法律判断，即审判案件具有相对静止的属性，其管理路径的最小单元是法律关系。而执行案件则不同，如果以法律关系作为衡量审判活动“案”与“案”之间的桥梁，执行案件理论上办的是“案”，实质却是如何处理基于“案”而衍生的“人”“财产”“行为”之间的关系。在不同的时间点、不同的地域、不同的场景，每一个被执行人（甚至包括案外人）的财产状况、履行能力都在不断发生变化，这意味着执行是对现在及将来发生的事实动态上进行的判断和实施，即执行案件具有绝对运动的属性。因此，传统静止思维为考核基准和分析模块的审判管理模式，在执行管理中就存在现实困境——一份判决书可以从法律上盖棺定论一个案件，但一份终本裁定却无法实现终局裁决。

两类案件在本质上不同，却以相近的结案率标准进行考核评价，监管难度大。

（二）监督制约体系运行存在现实困境

1. 案多、人少、事杂影响监督成效

2018 年以来，福建省年均办结各类执行案件约 37 万件，占全省案件总量近 40%，加上历史上沉淀下来的上百万件终本案件，执行干警人均办理上千件案件是常态。同时，执行案件看似简单，而实际工作所面对的事务较为繁杂，以执行程序中的送达为例，一般情况下，诉讼案件文书只需要完成应诉（传票）、判决 2 次送达即可。而执行程序需要送达的文书是随着时间变化而不断叠加的，其衍生的工作量往往是诉讼程序的5倍以上。

2. 执行队伍先天不足，后天发育不良

党的十八大以来，最高人民法院陆续出台了近60项司法解释和规范性文件以及执行信息化建设的快速发展，现代执行工作已经发生根本性转变，专业性越来越强，面临处置的财产也从传统的不动产进一步衍生到保险收益、钢铁产能、碳排放权等，对执行人员综合能力的要求也越来越高。在“基本解决执行难”期间，各地法院确实也选齐配强了一批执行干警，有效推动基本解决执行难工作的顺利开展。但是“基本解决执行难”以后，各地法院普遍出现执行队伍波动的现状，一些法院将业务骨干调出执行队伍，对本院执行部门人员调配不够及时、精准，轮岗交流制度落实不到位。

三、完善执行监督制约机制的福建实践

福建法院着眼当下改与长久立相结合，着力规范执行的“四梁八柱”建设，从更新执行理念、优化组织架构、完善监督机制、强化队伍建设、提升信息化水平等五个方面提出十五项对策建议，列出清单，坚持即知即改，边整边改，改就改好。

（一）着力强基导向，夯实执行权制约监督的领导体系

出台了《关于进一步强化中基层法院执行工作制约监督管理的指导意见》，将中央督导组“明确实行院主要领导分管执行工作”反馈意见落到实处。同时，配套了分管领导、局长（副局长）、庭长（副庭长）、团队长、执行员等各层级的权力正面清单与负面清单，明确权力边界和责任。

（二）着力专项整改，促进执行工作的有序有力有效

陆续开展了案款发放、终本案件、失信名单、“现状拍卖”等突出问

题的专项整改活动，并统筹兼顾抓好“两个抓手”：一是以积案清理为抓手，共筛查出超过执限1年以上未结的首执案件976件，均列入清单管理，列出时间表、画出路线图，通过重点督办、适时通报、信访督查等方式，有序有效清理推进；二是以开展专项检查和司法巡查为抓手，在加大对案件大户法院的下沉督查、穿透督导，有效推进第一批政法队伍教育整顿的成果转化。

（三）着力体系建设，架牢规范执行的“四大梁栋”

即立足理念、系统、平台、机制，重点解决好社会高度关注的四大焦点问题。一是牢牢牵住“终本”牛鼻子。通过评查、督查、通报等解决好线上线下“两张皮”问题，专门出台《关于规范全省终本案件执行的解答》，解决好实践中的问题。二是紧紧盯住案款发放敏感环节。坚持纳入一年一度司法巡查必查项目，通过起底排查、点对点督联合督查、下沉式穿透查等，进一步规范了案款发放工作。2021年以来，福建省法院结合“我为群众办实事”等活动，共清理发放案款629亿元。三是不断完善失信限消制度。出台了《关于进一步加强失信被执行人名单和限制消费措施管理的通知》，经持续整改，福建省失信名单制度已实现从1.0版（上是原则、不上是例外，快上慢下等）到2.0版（有条件规范适用），再到3.0版（“三色管理”机制，体现善意文明）的转型升级，2021年，福建省失信名单总量从年初的42.35万人，占全国10%，降至22万人，占全国3.8%，其中2.35万个为法人（77461次）依规及时予以失信屏蔽，有效促进了市场主体的活跃和市场环境的优化。四是坚持扭住财产处置这个关键。持续规范查控、评估、拍卖、变卖等程序，陆续出台了涉及系统查控、评估方法、拍卖公告、拍辅管理等制度，并与省税务机关联合发文解决好拍卖物的赋税问题，把好“找物关”“查人关”“评估关”“变价关”“惩戒关”“终结关”等。

（四）着力长治久治，创新八个夯基垒土的支柱

一是坚持政治引领。坚持党的绝对领导，提高政治站位，学深悟透

习近平法治思想，确保执行正确方向。持之以恒深化落实《凝心聚力，打造“五高”“五领”① 执行团队的实施意见》。二是编制流程标准。删繁就简，提纲挈领地把最高人民法院及福建高院出台的一系列司法解释及规范性文件的核心要义，提炼浓缩为《全省法院执行案件标准化办理流程》32 条，把从立案到结案等各环节的基本要求简明化，让执行干警一目了然，易知便执。三是深化执行公开。借鉴快递节点推送模式，在“福建移动微法院”地方特色模块上线了“执行公开”功能，通过微信小程序以树状图的形式主动、精准、实时向当事人和社会公众公开执行信息。四是实化指挥中心。充分发挥指挥中心调度整合、案件管理、司法查控、案款管理、执行指挥、执行公开、司法网拍、信用惩戒、执行考核、决策分析的一体化、信息化基础性功能，全方位提升数据化、信息化、实战化水平，实现执行指挥中心“最强大脑”与执行“最强团队”的有机结合和紧密配合，促进完善“网上执行”系统，让信息化多跑路、当事人少跑腿。五是畅通衔接机制。深化前端治理，织密“保立审执破”工作网，积极引导债权人积极通过《律师调查令》制度等，查找债务人财产或者提供保全财产线索，把法律文书的可履行性和履行可能性贯彻审判全过程，做到立保同步、诉（调）保对接、以保促执；深耕“执破直通”，疏堵点、攻难点、强弱点，促进以破“优”执。六是联袂纪检监察。主动配合，加强对“清风系统”进行改造升级，进一步完善系统功能，强化预警，增强“清风”系统抓取流程节点信息的及时性、准确性，堵塞漏洞，共筑廉政防线；积极探索与纪委监委派驻机构联动，实体化监督执行工作的新机制，推进福建省执行工作规范、公正、高效。七是对接检察监督。加强对《中共中央关于加强新时代检察机关

---

① “五高”是指高级法院“谋划思考高出一筹、视野境界高看一眼、能力水平高人一等、纪律作风高标一层、法院形象高严一级”的“五高”发展新定位。“五领”是指要深学细悟笃行，推进司法理念现代化，打造全省法院践行“两个维护”的领率机关；要履职尽责担当，推进司法职能现代化，打造全省法院践行公平正义的领跑机关；要便民利民惠民，推进司法服务现代化，打造全省法院践行司法为民的领军机关；要勇于改革创新，推进司法体制现代化，打造全省法院践行攻坚克难的领先机关；要忠诚干净担当，推进司法能力现代化，打造全省法院践行从严治院的领范机关。

法律监督工作的意见》研究，围绕涉执监督的重点，主动沟通协调，通过平台系统的创新，联合出台具有福建特色的法律监督（涉执）实施意见，力争在监督中求共识、促规范，助力“切实解决执行难”。八是探索豁免责任。建立执行干警依法履职“免责清单”。为消除执行干警畏难不前、怕错避责的消极情绪，让执行干警在依法履职尽责时更有底气，营造一个安身、安心、安业的良好氛围，应广大执行干警的强烈要求，在广泛征求意见的基础上，已完成《关于建立执行人员履职尽责免责实施办法（试行）》初稿，将适时出台。

结　语

完善执行权的监督制约机制，是规范执行权运行，坚决治理执行乱、切实解决执行难的必由之路。厘清执行权内在属性，及时更新观念，规范、公正、透明、合理的执行权监督运行机制必将建成。

【他山之石】

越南民事执行法的制度创新与实践发展

曹凤国*

越南社会主义共和国是在东南亚国家中为数不多的就民事判决执行进行专门立法的社会主义国家，[①] 在对民事判决执行法不断修订的同时，又就某些执行机构原来承担的职能尝试启动了民事判决执行的社会化改革，目前也正在探索之中。越南的民事执行立法中的若干制度设计和针对民事执行的社会化改革在亚洲国家乃至大陆法系国家具有一定的代表性和创新性。

目前，我国民事强制执行法正在紧锣密鼓地制定过程中，条文起草以及关于执行措施体系、协助执行机关的义务设定、执行依据内容不明的处理、共同财产执行、参与分配、执行救济等制度设计仍存在不同观点和分歧，这些立法中的难点和热点不妨在域外大陆法系国家寻找类似参照。他山之石可以攻玉，越南民事执行法确立的颇具特色的制度设计，对我国民事强制执行法的制定具有积极的参考意义。

---

* 法学博士，中国行为法学会执行行为专业委员会理事。

① 老挝也单独制定了《判决执行法》，2004年3月公布实施，2008年7月修订，参见2015年7月26日—29日在曼谷举行的民事判决执行国际会议的老挝参会代表提交的国别报告。

一、越南民事判决执行立法和修订情况鸟瞰

（一）越南民事判决执行立法的沿革

越南虽然民事判决领域的立法起步较晚，曾于1989年、1993年和2004年先后颁布三个《民事判决执行条例》，也称《判决执行法令》。1989年执行法令共计7章44条，立法技术尚不成熟。[①] 1993年《民事判决执行条例》共计7章50条，该条例最主要的变化是规定司法部、国防部和地方民事判决执行机关是民事执行的管理和实施机关。但此后2004年制定的《民事判决执行条例》共计8章70条，条文数量有所增加，操作性有所加强。但在民事执行保障措施和强制执行措施方面并未发生实质性变革。

为更好解决经济社会发展衍生的民事判决执行难问题，越南最高立法机关国会经过对前几部民事执行立法的总结，制定颁布了越南当代第一部民事判决执行法，即在2008年11月14日以2008年第26号法律公布的《民事判决执行法》和《关于贯彻民事判决执行法的决议》（编号：24/2008/QH12，共5条），《民事判决执行法》共计9章183条，自2009年7月1日起生效，条文数量较前三部条例增加较多，规范内容更为全面丰富。

（二）民事判决执行法的修订过程

2009年7月13日，越南政府再次公布2009年第58号政府法令（现已失效），贯彻适用《民事判决执行法》中有关民事判决执行程序系列条款的详细说明和指导。此后，越南政府于2009年9月9日公布2009第74号政府法令（现已失效），主要内容为对于《民事判决执行法》中有关

① 参见米良、梁斌译：《越南缅甸老挝现行法律选编》，云南人民出版社1993年版，第372~392页。

执行管理机关、执行机构和执行员的系列条款贯彻实施的详细说明和指导。2012年6月11日越南总理颁布2012第27号决定（现已失效），主要是明确关于根据执行员、公证人、检察官、书记员的业务情况决定岗位津贴和福利补贴计划。2013年10月14日，越南政府再次公布2013第125号政府法令（现已失效），修正和补充2009第58号法令中关于指导和贯彻实施《民事判决执行法》中关于执行程序的系列条款。

2014年11月25日，越南国会颁布《〈民事判决执行法〉的若干条款修改、补充法》，又对2008年《民事判决执行法》作了更加细致的修订。

2015年7月，越南颁布《关于民事判决执行法若干条款的细化指导实施决定的决议》（编号：62/2015/ND-CP，共85条）、2020年颁布《针对2015年7月政府颁布的第62/2015/ND-CP号决议关于民事判决执行法若干条款的细化指导实施决定对其若干条款进行修改与补充的决议》（编号：33/2020/ND-CP，共5条），对法律的实施和衔接作出进一步规定。

另外，作为民事判决执行管理机构的司法部还发布了若干类似于实施细则的规范性文件以及司法部与其他部门联合颁布的内部规范性文件。以上法律文件作为民事判决执行法的配套制度和实施细则，对实务操作具有一定的指导意义。

（三）2014年越南《民事判决执行法》修正案的重点内容

越南《民事判决执行法》自2009年7月1日生效以来，对推动和解决执行难问题确实取得了较大成效，但民事判决执行法仍然存在不少立法上的空白和不适应实践发展的短板。从统计数据上观察，2013年未能执行的判决的数量高达239114件，相对于2012年的211832件未执行案件呈现大幅增长，为此，根据实践的反馈和发展情况，2014年越南国会又对《民事判决执行法》进行了系统修改和补充。此外，越南政府及国会还不时颁布与《民事判决执行法》相关的细化指导。越南民事判决执行规范体系渐趋完善。①

此次修法的出发点主要是完善民事执行法律以提高民事判决执行效率，实现公平和效率价值的兼顾。修法原则上，要求民事判决执行法的修正和补充确保其与法律制度、修正后的宪法和其他相关法律保持统一性和兼容性。2014 年 11 月 25 日，民事判决执行法若干条款的修正案和补充案经国会通过。经过修订，增加了很多新的规定，183 个条文中共计修订了 55 个条款。具体如下：修改了第 1、2、37、12、14、15、16、18、28、29、31、35、36、38、44、45、47、48、50、52、54、61、63、67、68、69、72、73、74、75、99、102、103、104、106、114、137、146、161、163、167、168、170、173、174 条；废除了 6 个法律条文，分别是第 32、33、34、51、138、139 条；废止了 2 个条款，分别为 163 条第 1 款和 179 条第 3、第 4 款；另有 3 个法条补充进来，分别为第 7a、7b 和 44a。

从修订的内容看，最令人关注的是改变了被执行人执行条件（能力）的证明责任，被执行人是否无财产可供执行，丧失了履行债务能力，此前需要债权人举证证明，现在转移给承担案件执行任务的执行员。即从 2015 年 7 月 1 日起，对提供了关于债务人执行状况（能力）信息的申请执行人，可以享有执行费用的减免，作为一项鼓励措施，修订后的法律对执行当事人和利害关系人的权利义务也予以明确的规定。

二、越南现行民事判决执行法的基本特征

（一）执行程序多元启动主体下的主动执行制度

越南《民事判决执行法》在总则编第 7 条规定，执行权利人、被执行人有权依据相关判决，请求民事执行机关组织对判决予以执行。也就

① 参见 2015 年 7 月 26 日—29 日在曼谷举行的民事判决执行国际会议的越南参会代表提交的国别报告。

是说，立法不仅明确了生效法律文书的债权人享有申请强制执行的权利，作为被执行人的债务人同样享有申请机关执行判决的权利。

同时，对特定种类的判决，法院裁判后有直接移送执行机关的义务，即部分建立了裁判的主动执行制度，对一审法院作出的未依照二审程序提出上诉或抗诉的判决或未提出上诉或抗诉部分的判决，二审法院的判决，法院的重审或再审裁定，外国法院的民事判决、裁定或已得到越南法院承认并许可在越南执行的外国法院的民事判决与裁定或外国仲裁裁决，以及关于赡养费、工资支付、劳动报酬、劳务费、遣散费、失业补助，丧失工作能力补助的支付或生命、健康损害赔偿、精神损害赔偿，以及让准许劳动者重返工作岗位的判决、裁定，法院应当于法律文书发生法律效力之日起的一定期限内，主动将相关判决书、裁定书移交至具有管辖权的民事判决执行机关，无须债权人向执行机关提出申请。

（二）法定义务约束下的执行联动机制

越南《民事判决执行法》第 2 条规定，判决、裁定应当得到各机关、组织和全体公民的尊重。相关个人、机关、组织应当在各自职责范围内严格执行相关判决、裁定，承担执行判决、裁定的法律责任。各机关、组织和个人在其任务、权限和义务范围内，有责任配合民事判决执行机关执行判决。

相关机关、组织和个人应当履行民事判决执行机关、执行员的要求。一切非法阻碍、干涉民事判决执行机关、执行员活动的行为，都应当依照法律规定予以处理。

同时规定，在现场执行活动中，检察院、公安机关、人民委员会等机关、组织对执行机构的强制执行活动有义务进行协助。该法第 72 条第 3 款规定，强制执行计划应当立即送交检察院、同级公安机关、组织强制执行所在地的乡级人民委员会或参与强制执行的机关、组织。公安机关有责任依据民事执行机关的强制执行计划，制定强制执行的保障计划，安排必要的力量和手段维持秩序，保护现场，及时防范和处理转移财产，阻扰、反抗执行的行为，对不服从者采取拘留措施，在有犯罪迹象时提起刑事诉讼。

（三）广泛存在的民事执行程序监督权

越南《民事判决执行法》在总则中设置专门条文规定了判决执行的监督和检察监督，即越南国会、人民议会和越南祖国阵线依照法律规定对民事判决执行机关和其他国家机关的民事判决执行活动进行监督。各级检察院在其任务、权限范围内，对民事判决执行机关、执行员，相关机关、组织和个人遵守判决执行相关法律的情况进行检察，确保及时、充分、合法地执行判决。

在分则中，越南《民事判决执行法》主要规定了三种救济和监督方式，分别是当事人及利害关系人的申诉权、公民的举报权以及检察院的抗诉权。

当事人和利害关系人有依据认为民事执行机关负责人、执行员的裁定、行为违反法律、侵犯自身合法权益的，有权对该裁定、行为进行申诉。申诉时效区分情形分别规定，如针对在采取保障措施、强制执行措施之前的执行决定和行为的申诉，自收到决定或获知该行为之日起 15 日内提出；对采取账户冻结措施，自收到裁定书之日起 3 个工作日内提出，对于采取其他保障措施的裁定和行为，自收到裁定书或获知该行为之日起 10 日内提出。对于第一次申诉处理裁定不满的，还可以进行第二次申诉。

公民的举报权是指公民有权向相应权责机关、组织或个人举报民事执行机关负责人、执行员和其他从事民事执行工作的公职人员对国家利益或公民、机关、组织的合法权益造成损害或可能造成损害的违法行为。

检察院在民事判决执行中具有广泛的参与权和监督权。检察院的抗诉权是指检察员可对同级或者下级民事执行机关负责人、民事执行机关执行员的裁定和行为，依照《检察院组织法》的规定提起抗诉。根据越南《民事判决执行法》的规定，检察院对民事判决执行的参与及监督是全面且深入的。例如，民事执行机关的执行裁定要送交同级检察院。民事执行机关建议减免执行义务要征询同级检察院的意见，在法院审议时，检察院要就减免发表意见。对法院作出的减免决定，检察院可以提出抗诉。强制执行方案要送交检察院。检察院对民事执行机关销毁物证、财产过程进行监督。检察院还有权对民事判决执行中的申诉、举报等处理工作进行监督检查。

三、越南民事判决执行法的主要制度设计

越南《民事判决执行法》虽然只有183条，但规定内容较为丰富，几乎涵盖了民事判决及裁定、罚没财产、追缴违法取得、刑事裁判涉财产部分、行政裁判、竞争处理决定和商事仲裁裁决的执行，以下简要介绍具有代表性的执行制度。

（一）执行债务人履行能力确认程序

越南民事判决执行申请执行时效为5年，债权人和债务人均可以在判决或者裁定生效后5年内向有管辖权的执行机构申请签发执行决定，启动判决的执行程序。

申请执行后，如执行权利人已采取各项必要措施，仍不能自行核实执行义务人的判决执行条件的，可以申请由执行员核实。该申请应当以书面形式提出，并应当明确说明已经采取但没有取得结果的各项措施以及相关证明材料。执行权利人核实申请之日起10日内，执行员应当对判决执行义务人的执行条件进行核实；针对采取临时紧急措施的裁定，执行员应当立即进行核实。核实应当编制记录，由乡级居委会、人民委员会、派出所或进行核实的机关、组织予以确认。核实记录应当要完整记录核实结果。

在签发执行决定后的2个工作日内，执行机关负责人安排执行员组织实施决定的落实。执行决定、通知、传票以及其他与执行有关的文件必须通知到当事人或者权利义务关系人，以便其根据这些文件内容行使自动履行义务。为执行判决，执行员应该确认判决债务人是否具备执行条件（能力）。签发执行决定后的10日内，或者收到债权人举证申请后，执行员必须组织举证。为保证贯彻实施临时紧急措施的决定，举证必须无延期举行。债务人收到或被通知后的10日之内作为自动履行判决的期限，在此期间，考虑到防止债务人消失、破坏财产或者逃避、规避判决的执行的必要性，执行员可以立即采取法律规定的措施。以上期限期满，具备执行条件而没有自动履行判决的债务人将要被强制执行。执行员依职权或者当相关当事人申请时，或者针对逃避执行的情况，可以立即采取措施确保判决执行。

（二）执行保障措施和强制执行措施的区分

越南《民事判决执行法》将执行机构可以采取的用以执行判决的措施分为判决的执行保障措施和强制执行措施。所谓民事执行保障措施是指查封账户、扣押财产和有价证券以及停止财产的登记、转让和变更。

而强制执行的措施则包括账户金钱的扣划，债务人金钱债权的提取和回收，收入截留，人财产扣押和处置、强制管理，权利、物品或者有价证券的强制性转让，强制债务人为或者不为特定行为。

（三）根据财产价值挂钩的财产变现方式

越南《民事判决执行法》规定，执行机构对扣押的财产价值在1000万越南盾以上的动产或者不动产，应该通过拍卖机构进行拍卖处置。特定条件下，对于财产所在省或者直辖市没有拍卖机构或者拍卖机构拒绝签署拍卖服务合同，或者动产价值在200万越南盾至1000万越南盾之间的财产，执行员可以不经拍卖直接变卖扣押的财产。另外，执行员无须通过拍卖和变卖程序可以直接处置价值在 200 万越南盾以下的动产、原材料或者容易腐烂变质的财产，且应在扣押后的 5 个工作日之内卖出。

（四）赋予当事人评估申请权以及执行员对评估机构和评估财产价值的确定权

越南民事执行中的财产评估制度也颇具特色。财产拍卖和变卖流拍的，当事人在每次流拍后均可以申请对涉案财产重新予以评估，但需承担重新评估的费用。如果当事人不申请重新评估，执行员可以签发降价拍卖的命令，每次的降价幅度不能超过保留价格的 10%。财产评估首先尊重当事人合意，在无法达成合意的情况下，执行员对财产价值的确定有较大的裁量权，保障执行程序的推进。越南《民事判决执行法》第 98 条规定，在财产查封之日起 5 个工作日内，当事人不能就财产价值达成协议也不能就评估机构的选择达成协议的，或者当事人选择的评估机构拒绝签署服务合同的，执行员应当与财产所在地省、直辖市的评估机构签订服务合同。执行员与财产所在地省、直辖市的评估机构没有签订服务合同的，或者查封的财产属于生鲜、易腐烂或价值较小且当事人无法就财产价值达成一致的，由执行员确定财产价值。

（五）共有财产执行与析产诉讼制度

越南《民事判决执行法》第 74 条第 1 款规定，执行员在对共有财产进行强制执行前，应通知财产共有人。财产共有人有权向法院提起诉讼，请求法院确定其在共有财产中所有的份额。如果共有人自接到通知之日起 30 日内未向法院提起诉讼的，申请执行人或执行员有权提请法院确定被执行人在共有财产中所持有的份额以执行判决。如果系夫妻共有财产，执行员有权直接依照婚姻家庭相关法律规定，确定共有财产中夫妻双方各自所有的部分并通知夫妻双方。夫妻双方如有异议，有权自执行员确定夫妻双方对共有财产各自所有权之日起 30 日内向法院提起诉讼，请求法院分割夫妻共有财产。期限届满未提起诉讼的，执行员应当处置所涉财产，并向被执行人的配偶返还其持有的共有财产中的相应价值数额。

四、越南民事执行的社会化改革

为提高执行效率，加大执行公开力度和社会公信力，越南目前正在尝试执行的社会化改革，对我国探索社会化改革也具有参考价值。2009年7月24日颁布的2009年第61号法令实施后，越南在特定直辖市组织开展私人执行员试点项目计划。2013年10月18日，政府签发了2013年第135号法令，对上述61号法令作了某些修订，并于2013年12月5日开始生效。135号法令拓宽了私人执行员实验项目的范围，保证私人执行员独立开展工作，以及改善其与有关组织机构的合作。在2013年11月23日颁布的修正案指引下，继续开展私人执行员项目，私人执行员在各省、中央直辖市以及省会城市开展，私人执行员目前已经在若干个省或直辖市开展，共设有几十个私人执行员办公室。①

私人执行员被授权执行特定的法庭和民事执行机关法律文书，这些法律文书包括通知、传票、邀请和将案件交由法庭审理的决定，民事裁决或缺席审判的决定，执行担保及决定，私人执行员办公室不得拒绝法院或民事执行机关提出的执行法律文件的要求。

民事执行机构和私人执行员合作的一般原则如下：确保判决执行的质量，在这些实体之间建立独立开展执行活动和相互助力的关系：有权根据判决和执行令从债务人处清偿不同数量的金钱的债权人在特定时间内，既可以要求民事执行机关也可以要求私人执行员予以执行。获取确认判决执行条件的职责是私人执行员的职责，尤其是政府财政部门和社会保险机构，土地使用权利登记机关，安全交易等。对私人执行员开展的执行活动规定得更加清晰，效率更高。

---

① 参见2015年7月26日—29日在曼谷举行的民事判决执行国际会议的越南参会代表提交的国别报告。

对于私人执行员执行行为的投诉控告和异议，私人执行员办公室负责人在 15 个工作日内首次负责解决，省级执行机关负责人在 30 日内进行第二次审理。私人执行员办公室负责人负责执行的行为引发的投诉和异议，省级执行机关负责人在 30 日内首次初审，执行机关总执行长在 45 日内复审。其他的投诉和异议在当前的一般程序中解决，均由省级司法部门领导在 30 日内初审，司法部部长在 45 日内复审。

纵观越南《民事判决执行法》，还有其他独具特色的制度安排，值得进一步研究。在我国起草强制执行法的关键时期，可加大对域外民事执行法的前沿状态的跟踪和研讨，为制定一部具有现代气息的强制执行法提供立法素材。

【最新法律文件】

中华人民共和国反外国制裁法

（2021 年 6 月 10 日第十三届全国人民代表大会常务委员会第二十九次会议通过　2021 年 6 月 10 日中华人民共和国主席令第九十号公布　自 2021 年 6 月 10 日起施行）

第一条　为了维护国家主权、安全、发展利益，保护我国公民、组织的合法权益，根据宪法，制定本法。

第二条　中华人民共和国坚持独立自主的和平外交政策，坚持互相尊重主权和领土完整、互不侵犯、互不干涉内政、平等互利、和平共处的五项原则，维护以联合国为核心的国际体系和以国际法为基础的国际秩序，发展同世界各国的友好合作，推动构建人类命运共同体。

第三条　中华人民共和国反对霸权主义和强权政治，反对任何国家以任何借口、任何方式干涉中国内政。

外国国家违反国际法和国际关系基本准则，以各种借口或者依据其本国法律对我国进行遏制、打压，对我国公民、组织采取歧视性限制措施，干涉我国内政的，我国有权采取相应反制措施。

第四条　国务院有关部门可以决定将直接或者间接参与制定、决定、实施本法第三条规定的歧视性限制措施的个人、组织列入反制清单。

第五条　除根据本法第四条规定列入反制清单的个人、组织以外，国务院有关部门还可以决定对下列个人、组织采取反制措施：

（一）列入反制清单个人的配偶和直系亲属；

（二）列入反制清单组织的高级管理人员或者实际控制人；

（三）由列入反制清单个人担任高级管理人员的组织；

（四）由列入反制清单个人和组织实际控制或者参与设立、运营的组织。

第六条 国务院有关部门可以按照各自职责和任务分工，对本法第四条、第五条规定的个人、组织，根据实际情况决定采取下列一种或者几种措施：

（一）不予签发签证、不准入境、注销签证或者驱逐出境；

（二）查封、扣押、冻结在我国境内的动产、不动产和其他各类财产；

（三）禁止或者限制我国境内的组织、个人与其进行有关交易、合作等活动；

（四）其他必要措施。

第七条 国务院有关部门依据本法第四条至第六条规定作出的决定为最终决定。

第八条 采取反制措施所依据的情形发生变化的，国务院有关部门可以暂停、变更或者取消有关反制措施。

第九条 反制清单和反制措施的确定、暂停、变更或者取消，由外交部或者国务院其他有关部门发布命令予以公布。

第十条 国家设立反外国制裁工作协调机制，负责统筹协调相关工作。

国务院有关部门应当加强协同配合和信息共享，按照各自职责和任务分工确定和实施有关反制措施。

第十一条 我国境内的组织和个人应当执行国务院有关部门采取的反制措施。

对违反前款规定的组织和个人，国务院有关部门依法予以处理，限制或者禁止其从事相关活动。

第十二条 任何组织和个人均不得执行或者协助执行外国国家对我

国公民、组织采取的歧视性限制措施。

组织和个人违反前款规定，侵害我国公民、组织合法权益的，我国公民、组织可以依法向人民法院提起诉讼，要求其停止侵害、赔偿损失。

第十三条 对于危害我国主权、安全、发展利益的行为，除本法规定外，有关法律、行政法规、部门规章可以规定采取其他必要的反制措施。

第十四条 任何组织和个人不执行、不配合实施反制措施的，依法追究法律责任。

第十五条 对于外国国家、组织或者个人实施、协助、支持危害我国主权、安全、发展利益的行为，需要采取必要反制措施的，参照本法有关规定执行。

第十六条 本法自公布之日起施行。

中华人民共和国乡村振兴促进法

（2021年4月29日第十三届全国人民代表大会常务委员会第二十八次会议通过　2021年4月29日中华人民共和国主席令第七十七号公布　自2021年6月1日起施行）

目　录

第一章　总　　则

第一条　为了全面实施乡村振兴战略，促进农业全面升级、农村全面进步、农民全面发展，加快农业农村现代化，全面建设社会主义现代化国家，制定本法。

第二条 全面实施乡村振兴战略，开展促进乡村产业振兴、人才振兴、文化振兴、生态振兴、组织振兴，推进城乡融合发展等活动，适用本法。

本法所称乡村，是指城市建成区以外具有自然、社会、经济特征和生产、生活、生态、文化等多重功能的地域综合体，包括乡镇和村庄等。

第三条 促进乡村振兴应当按照产业兴旺、生态宜居、乡风文明、治理有效、生活富裕的总要求，统筹推进农村经济建设、政治建设、文化建设、社会建设、生态文明建设和党的建设，充分发挥乡村在保障农产品供给和粮食安全、保护生态环境、传承发展中华民族优秀传统文化等方面的特有功能。

第四条 全面实施乡村振兴战略，应当坚持中国共产党的领导，贯彻创新、协调、绿色、开放、共享的新发展理念，走中国特色社会主义乡村振兴道路，促进共同富裕，遵循以下原则：

（一）坚持农业农村优先发展，在干部配备上优先考虑，在要素配置上优先满足，在资金投入上优先保障，在公共服务上优先安排；

（二）坚持农民主体地位，充分尊重农民意愿，保障农民民主权利和其他合法权益，调动农民的积极性、主动性、创造性，维护农民根本利益；

（三）坚持人与自然和谐共生，统筹山水林田湖草沙系统治理，推动绿色发展，推进生态文明建设；

（四）坚持改革创新，充分发挥市场在资源配置中的决定性作用，更好发挥政府作用，推进农业供给侧结构性改革和高质量发展，不断解放和发展乡村社会生产力，激发农村发展活力；

（五）坚持因地制宜、规划先行、循序渐进，顺应村庄发展规律，根据乡村的历史文化、发展现状、区位条件、资源禀赋、产业基础分类推进。

第五条 国家巩固和完善以家庭承包经营为基础、统分结合的双层经营体制，发展壮大农村集体所有制经济。

第六条 国家建立健全城乡融合发展的体制机制和政策体系，推动城乡要素有序流动、平等交换和公共资源均衡配置，坚持以工补农、以城带乡，推动形成工农互促、城乡互补、协调发展、共同繁荣的新型工农城乡关系。

第七条 国家坚持以社会主义核心价值观为引领，大力弘扬民族精神和时代精神，加强乡村优秀传统文化保护和公共文化服务体系建设，繁荣发展乡村文化。

每年农历秋分日为中国农民丰收节。

第八条 国家实施以我为主、立足国内、确保产能、适度进口、科技支撑的粮食安全战略，坚持藏粮于地、藏粮于技，采取措施不断提高粮食综合生产能力，建设国家粮食安全产业带，完善粮食加工、流通、储备体系，确保谷物基本自给、口粮绝对安全，保障国家粮食安全。

国家完善粮食加工、储存、运输标准，提高粮食加工出品率和利用率，推动节粮减损。

第九条 国家建立健全中央统筹、省负总责、市县乡抓落实的乡村振兴工作机制。

各级人民政府应当将乡村振兴促进工作纳入国民经济和社会发展规划，并建立乡村振兴考核评价制度、工作年度报告制度和监督检查制度。

第十条 国务院农业农村主管部门负责全国乡村振兴促进工作的统筹协调、宏观指导和监督检查；国务院其他有关部门在各自职责范围内负责有关的乡村振兴促进工作。

县级以上地方人民政府农业农村主管部门负责本行政区域内乡村振兴促进工作的统筹协调、指导和监督检查；县级以上地方人民政府其他有关部门在各自职责范围内负责有关的乡村振兴促进工作。

第十一条 各级人民政府及其有关部门应当采取多种形式，广泛宣传乡村振兴促进相关法律法规和政策，鼓励、支持人民团体、社会组织、企事业单位等社会各方面参与乡村振兴促进相关活动。

对在乡村振兴促进工作中作出显著成绩的单位和个人，按照国家有关规定给予表彰和奖励。

第二章 产业发展

第十二条 国家完善农村集体产权制度，增强农村集体所有制经济发展活力，促进集体资产保值增值，确保农民受益。

各级人民政府应当坚持以农民为主体，以乡村优势特色资源为依托，支持、促进农村一二三产业融合发展，推动建立现代农业产业体系、生产体系和经营体系，推进数字乡村建设，培育新产业、新业态、新模式和新型农业经营主体，促进小农户和现代农业发展有机衔接。

第十三条 国家采取措施优化农业生产力布局，推进农业结构调整，发展优势特色产业，保障粮食和重要农产品有效供给和质量安全，推动品种培优、品质提升、品牌打造和标准化生产，推动农业对外开放，提高农业质量、效益和竞争力。

国家实行重要农产品保障战略，分品种明确保障目标，构建科学合理、安全高效的重要农产品供给保障体系。

第十四条 国家建立农用地分类管理制度，严格保护耕地，严格控制农用地转为建设用地，严格控制耕地转为林地、园地等其他类型农用地。省、自治区、直辖市人民政府应当采取措施确保耕地总量不减少、质量有提高。

国家实行永久基本农田保护制度，建设粮食生产功能区、重要农产品生产保护区，建设并保护高标准农田。

地方各级人民政府应当推进农村土地整理和农用地科学安全利用，加强农田水利等基础设施建设，改善农业生产条件。

第十五条 国家加强农业种质资源保护利用和种质资源库建设，支持育种基础性、前沿性和应用技术研究，实施农作物和畜禽等良种培育、育种关键技术攻关，鼓励种业科技成果转化和优良品种推广，建立并实施种业国家安全审查机制，促进种业高质量发展。

第十六条 国家采取措施加强农业科技创新，培育创新主体，构建以企业为主体、产学研协同的创新机制，强化高等学校、科研机构、农业企业创新能力，建立创新平台，加强新品种、新技术、新装备、新产品研发，加强农业知识产权保护，推进生物种业、智慧农业、设施农业、农产品加工、绿色农业投入品等领域创新，建设现代农业产业技术体系，推动农业农村创新驱动发展。

国家健全农业科研项目评审、人才评价、成果产权保护制度，保障对农业科技基础性、公益性研究的投入，激发农业科技人员创新积极性。

第十七条 国家加强农业技术推广体系建设，促进建立有利于农业科技成果转化推广的激励机制和利益分享机制，鼓励企业、高等学校、职业学校、科研机构、科学技术社会团体、农民专业合作社、农业专业化社会化服务组织、农业科技人员等创新推广方式，开展农业技术推广服务。

第十八条 国家鼓励农业机械生产研发和推广应用，推进主要农作物生产全程机械化，提高设施农业、林草业、畜牧业、渔业和农产品初加工的装备水平，推动农机农艺融合、机械化信息化融合，促进机械化生产与农田建设相适应、服务模式与农业适度规模经营相适应。

国家鼓励农业信息化建设，加强农业信息监测预警和综合服务，推进农业生产经营信息化。

第十九条 各级人民政府应当发挥农村资源和生态优势，支持特色农业、休闲农业、现代农产品加工业、乡村手工业、绿色建材、红色旅游、乡村旅游、康养和乡村物流、电子商务等乡村产业的发展；引导新型经营主体通过特色化、专业化经营，合理配置生产要素，促进乡村产业深度融合；支持特色农产品优势区、现代农业产业园、农业科技园、农村创业园、休闲农业和乡村旅游重点村镇等的建设；统筹农产品生产地、集散地、销售地市场建设，加强农产品流通骨干网络和冷链物流体系建设；鼓励企业获得国际通行的农产品认证，增强乡村产业竞争力。

发展乡村产业应当符合国土空间规划和产业政策、环境保护的要求。

第二十条 各级人民政府应当完善扶持政策，加强指导服务，支持农民、返乡入乡人员在乡村创业创新，促进乡村产业发展和农民就业。

第二十一条 各级人民政府应当建立健全有利于农民收入稳定增长的机制，鼓励支持农民拓宽增收渠道，促进农民增加收入。

国家采取措施支持农村集体经济组织发展，为本集体成员提供生产生活服务，保障成员从集体经营收入中获得收益分配的权利。

国家支持农民专业合作社、家庭农场和涉农企业、电子商务企业、农业专业化社会化服务组织等以多种方式与农民建立紧密型利益联结机制，让农民共享全产业链增值收益。

第二十二条 各级人民政府应当加强国有农（林、牧、渔）场规划建设，推进国有农（林、牧、渔）场现代农业发展，鼓励国有农（林、牧、渔）场在农业农村现代化建设中发挥示范引领作用。

第二十三条 各级人民政府应当深化供销合作社综合改革，鼓励供销合作社加强与农民利益联结，完善市场运作机制，强化为农服务功能，发挥其为农服务综合性合作经济组织的作用。

第三章 人才支撑

第二十四条 国家健全乡村人才工作体制机制，采取措施鼓励和支持社会各方面提供教育培训、技术支持、创业指导等服务，培养本土人才，引导城市人才下乡，推动专业人才服务乡村，促进农业农村人才队伍建设。

第二十五条 各级人民政府应当加强农村教育工作统筹，持续改善农村学校办学条件，支持开展网络远程教育，提高农村基础教育质量，加大乡村教师培养力度，采取公费师范教育等方式吸引高等学校毕业生到乡村任教，对长期在乡村任教的教师在职称评定等方面给予优待，保障和改善乡村教师待遇，提高乡村教师学历水平、整体素质和乡村教育现代化水平。

各级人民政府应当采取措施加强乡村医疗卫生队伍建设，支持县乡村医疗卫生人员参加培训、进修，建立县乡村上下贯通的职业发展机制，对在乡村工作的医疗卫生人员实行优惠待遇，鼓励医学院校毕业生到乡村工作，支持医师到乡村医疗卫生机构执业、开办乡村诊所、普及医疗卫生知识，提高乡村医疗卫生服务能力。

各级人民政府应当采取措施培育农业科技人才、经营管理人才、法律服务人才、社会工作人才，加强乡村文化人才队伍建设，培育乡村文化骨干力量。

第二十六条 各级人民政府应当采取措施，加强职业教育和继续教育，组织开展农业技能培训、返乡创业就业培训和职业技能培训，培养有文化、懂技术、善经营、会管理的高素质农民和农村实用人才、创新创业带头人。

第二十七条 县级以上人民政府及其教育行政部门应当指导、支持高等学校、职业学校设置涉农相关专业，加大农村专业人才培养力度，鼓励高等学校、职业学校毕业生到农村就业创业。

第二十八条 国家鼓励城市人才向乡村流动，建立健全城乡、区域、校地之间人才培养合作与交流机制。

县级以上人民政府应当建立鼓励各类人才参与乡村建设的激励机制，搭建社会工作和乡村建设志愿服务平台，支持和引导各类人才通过多种方式服务乡村振兴。

乡镇人民政府和村民委员会、农村集体经济组织应当为返乡入乡人员和各类人才提供必要的生产生活服务。农村集体经济组织可以根据实际情况提供相关的福利待遇。

第四章 文化繁荣

第二十九条 各级人民政府应当组织开展新时代文明实践活动，加强农村精神文明建设，不断提高乡村社会文明程度。

第三十条 各级人民政府应当采取措施丰富农民文化体育生活，倡导科学健康的生产生活方式，发挥村规民约积极作用，普及科学知识，推进移风易俗，破除大操大办、铺张浪费等陈规陋习，提倡孝老爱亲、勤俭节约、诚实守信，促进男女平等，创建文明村镇、文明家庭，培育文明乡风、良好家风、淳朴民风，建设文明乡村。

第三十一条 各级人民政府应当健全完善乡村公共文化体育设施网络和服务运行机制，鼓励开展形式多样的农民群众性文化体育、节日民俗等活动，充分利用广播电视、视听网络和书籍报刊，拓展乡村文化服务渠道，提供便利可及的公共文化服务。

各级人民政府应当支持农业农村农民题材文艺创作，鼓励制作反映农民生产生活和乡村振兴实践的优秀文艺作品。

第三十二条 各级人民政府应当采取措施保护农业文化遗产和非物质文化遗产，挖掘优秀农业文化深厚内涵，弘扬红色文化，传承和发展优秀传统文化。

县级以上地方人民政府应当加强对历史文化名镇名村、传统村落和乡村风貌、少数民族特色村寨的保护，开展保护状况监测和评估，采取措施防御和减轻火灾、洪水、地震等灾害。

第三十三条 县级以上地方人民政府应当坚持规划引导、典型示范，有计划地建设特色鲜明、优势突出的农业文化展示区、文化产业特色村落，发展乡村特色文化体育产业，推动乡村地区传统工艺振兴，积极推动智慧广电乡村建设，活跃繁荣农村文化市场。

第五章　生态保护

第三十四条 国家健全重要生态系统保护制度和生态保护补偿机制，实施重要生态系统保护和修复工程，加强乡村生态保护和环境治理，绿化美化乡村环境，建设美丽乡村。

第三十五条　国家鼓励和支持农业生产者采用节水、节肥、节药、节能等先进的种植养殖技术，推动种养结合、农业资源综合开发，优先发展生态循环农业。

各级人民政府应当采取措施加强农业面源污染防治，推进农业投入品减量化、生产清洁化、废弃物资源化、产业模式生态化，引导全社会形成节约适度、绿色低碳、文明健康的生产生活和消费方式。

第三十六条　各级人民政府应当实施国土综合整治和生态修复，加强森林、草原、湿地等保护修复，开展荒漠化、石漠化、水土流失综合治理，改善乡村生态环境。

第三十七条　各级人民政府应当建立政府、村级组织、企业、农民等各方面参与的共建共管共享机制，综合整治农村水系，因地制宜推广卫生厕所和简便易行的垃圾分类，治理农村垃圾和污水，加强乡村无障碍设施建设，鼓励和支持使用清洁能源、可再生能源，持续改善农村人居环境。

第三十八条　国家建立健全农村住房建设质量安全管理制度和相关技术标准体系，建立农村低收入群体安全住房保障机制。建设农村住房应当避让灾害易发区域，符合抗震、防洪等基本安全要求。

县级以上地方人民政府应当加强农村住房建设管理和服务，强化新建农村住房规划管控，严格禁止违法占用耕地建房；鼓励农村住房设计体现地域、民族和乡土特色，鼓励农村住房建设采用新型建造技术和绿色建材，引导农民建设功能现代、结构安全、成本经济、绿色环保、与乡村环境相协调的宜居住房。

第三十九条　国家对农业投入品实行严格管理，对剧毒、高毒、高残留的农药、兽药采取禁用限用措施。农产品生产经营者不得使用国家禁用的农药、兽药或者其他有毒有害物质，不得违反农产品质量安全标准和国家有关规定超剂量、超范围使用农药、兽药、肥料、饲料添加剂等农业投入品。

第四十条　国家实行耕地养护、修复、休耕和草原森林河流湖泊休养生息制度。县级以上人民政府及其有关部门依法划定江河湖海限捕、禁捕的时间和区域，并可以根据地下水超采情况，划定禁止、限制开采地下水区域。

禁止违法将污染环境、破坏生态的产业、企业向农村转移。禁止违法将城镇垃圾、工业固体废物、未经达标处理的城镇污水等向农业农村转移。禁止向农用地排放重金属或者其他有毒有害物质含量超标的污水、污泥，以及可能造成土壤污染的清淤底泥、尾矿、矿渣等；禁止将有毒有害废物用作肥料或者用于造田和土地复垦。

地方各级人民政府及其有关部门应当采取措施，推进废旧农膜和农药等农业投入品包装废弃物回收处理，推进农作物秸秆、畜禽粪污的资源化利用，严格控制河流湖库、近岸海域投饵网箱养殖。

第六章　组织建设

第四十一条　建立健全党委领导、政府负责、民主协商、社会协同、公众参与、法治保障、科技支撑的现代乡村社会治理体制和自治、法治、德治相结合的乡村社会治理体系，建设充满活力、和谐有序的善治乡村。

地方各级人民政府应当加强乡镇人民政府社会管理和服务能力建设，把乡镇建成乡村治理中心、农村服务中心、乡村经济中心。

第四十二条　中国共产党农村基层组织，按照中国共产党章程和有关规定发挥全面领导作用。村民委员会、农村集体经济组织等应当在乡镇党委和村党组织的领导下，实行村民自治，发展集体所有制经济，维护农民合法权益，并应当接受村民监督。

第四十三条　国家建立健全农业农村工作干部队伍的培养、配备、使用、管理机制，选拔优秀干部充实到农业农村工作干部队伍，采取措施提高农业农村工作干部队伍的能力和水平，落实农村基层干部相关待遇保障，建设懂农业、爱农村、爱农民的农业农村工作干部队伍。

第四十四条　地方各级人民政府应当构建简约高效的基层管理体制，

科学设置乡镇机构，加强乡村干部培训，健全农村基层服务体系，夯实乡村治理基础。

第四十五条 乡镇人民政府应当指导和支持农村基层群众性自治组织规范化、制度化建设，健全村民委员会民主决策机制和村务公开制度，增强村民自我管理、自我教育、自我服务、自我监督能力。

第四十六条 各级人民政府应当引导和支持农村集体经济组织发挥依法管理集体资产、合理开发集体资源、服务集体成员等方面的作用，保障农村集体经济组织的独立运营。

县级以上地方人民政府应当支持发展农民专业合作社、家庭农场、农业企业等多种经营主体，健全农业农村社会化服务体系。

第四十七条 县级以上地方人民政府应当采取措施加强基层群团组织建设，支持、规范和引导农村社会组织发展，发挥基层群团组织、农村社会组织团结群众、联系群众、服务群众等方面的作用。

第四十八条 地方各级人民政府应当加强基层执法队伍建设，鼓励乡镇人民政府根据需要设立法律顾问和公职律师，鼓励有条件的地方在村民委员会建立公共法律服务工作室，深入开展法治宣传教育和人民调解工作，健全乡村矛盾纠纷调处化解机制，推进法治乡村建设。

第四十九条 地方各级人民政府应当健全农村社会治安防控体系，加强农村警务工作，推动平安乡村建设；健全农村公共安全体系，强化农村公共卫生、安全生产、防灾减灾救灾、应急救援、应急广播、食品、药品、交通、消防等安全管理责任。

第七章 城乡融合

第五十条 各级人民政府应当协同推进乡村振兴战略和新型城镇化战略的实施，整体筹划城镇和乡村发展，科学有序统筹安排生态、农业、城镇等功能空间，优化城乡产业发展、基础设施、公共服务设施等布局，逐步健全全民覆盖、普惠共享、城乡一体的基本公共服务体系，加快县域城乡融合发展，促进农业高质高效、乡村宜居宜业、农民富裕富足。

第五十一条 县级人民政府和乡镇人民政府应当优化本行政区域内乡村发展布局，按照尊重农民意愿、方便群众生产生活、保持乡村功能和特色的原则，因地制宜安排村庄布局，依法编制村庄规划，分类有序推进村庄建设，严格规范村庄撤并，严禁违背农民意愿、违反法定程序撤并村庄。

第五十二条 县级以上地方人民政府应当统筹规划、建设、管护城乡道路以及垃圾污水处理、供水供电供气、物流、客运、信息通信、广播电视、消防、防灾减灾等公共基础设施和新型基础设施，推动城乡基础设施互联互通，保障乡村发展能源需求，保障农村饮用水安全，满足农民生产生活需要。

第五十三条 国家发展农村社会事业，促进公共教育、医疗卫生、社会保障等资源向农村倾斜，提升乡村基本公共服务水平，推进城乡基本公共服务均等化。

国家健全乡村便民服务体系，提升乡村公共服务数字化智能化水平，支持完善村级综合服务设施和综合信息平台，培育服务机构和服务类社会组织，完善服务运行机制，促进公共服务与自我服务有效衔接，增强生产生活服务功能。

第五十四条 国家完善城乡统筹的社会保障制度，建立健全保障机制，支持乡村提高社会保障管理服务水平；建立健全城乡居民基本养老保险待遇确定和基础养老金标准正常调整机制，确保城乡居民基本养老保险待遇随经济社会发展逐步提高。

国家支持农民按照规定参加城乡居民基本养老保险、基本医疗保险，鼓励具备条件的灵活就业人员和农业产业化从业人员参加职工基本养老保险、职工基本医疗保险等社会保险。

国家推进城乡最低生活保障制度统筹发展，提高农村特困人员供养等社会救助水平，加强对农村留守儿童、妇女和老年人以及残疾人、困境儿童的关爱服务，支持发展农村普惠型养老服务和互助性养老。

第五十五条 国家推动形成平等竞争、规范有序、城乡统一的人力资源市场，健全城乡均等的公共就业创业服务制度。

县级以上地方人民政府应当采取措施促进在城镇稳定就业和生活的农民自愿有序进城落户，不得以退出土地承包经营权、宅基地使用权、集体收益分配权等作为农民进城落户的条件；推进取得居住证的农民及其随迁家属享受城镇基本公共服务。

国家鼓励社会资本到乡村发展与农民利益联结型项目，鼓励城市居民到乡村旅游、休闲度假、养生养老等，但不得破坏乡村生态环境，不得损害农村集体经济组织及其成员的合法权益。

第五十六条 县级以上人民政府应当采取措施促进城乡产业协同发展，在保障农民主体地位的基础上健全联农带农激励机制，实现乡村经济多元化和农业全产业链发展。

第五十七条 各级人民政府及其有关部门应当采取措施鼓励农民进城务工，全面落实城乡劳动者平等就业、同工同酬，依法保障农民工工资支付和社会保障权益。

第八章 扶持措施

第五十八条 国家建立健全农业支持保护体系和实施乡村振兴战略财政投入保障制度。县级以上人民政府应当优先保障用于乡村振兴的财政投入，确保投入力度不断增强、总量持续增加、与乡村振兴目标任务相适应。

省、自治区、直辖市人民政府可以依法发行政府债券，用于现代农业设施建设和乡村建设。

各级人民政府应当完善涉农资金统筹整合长效机制，强化财政资金监督管理，全面实施预算绩效管理，提高财政资金使用效益。

第五十九条 各级人民政府应当采取措施增强脱贫地区内生发展能力，建立农村低收入人口、欠发达地区帮扶长效机制，持续推进脱贫地区发展；建立健全易返贫致贫人口动态监测预警和帮扶机制，实现巩固拓展脱贫攻坚成果同乡村振兴有效衔接。

国家加大对革命老区、民族地区、边疆地区实施乡村振兴战略的支持力度。

第六十条 国家按照增加总量、优化存量、提高效能的原则，构建以高质量绿色发展为导向的新型农业补贴政策体系。

第六十一条 各级人民政府应当坚持取之于农、主要用之于农的原则，按照国家有关规定调整完善土地使用权出让收入使用范围，提高农业农村投入比例，重点用于高标准农田建设、农田水利建设、现代种业提升、农村供水保障、农村人居环境整治、农村土地综合整治、耕地及永久基本农田保护、村庄公共设施建设和管护、农村教育、农村文化和精神文明建设支出，以及与农业农村直接相关的山水林田湖草沙生态保护修复、以工代赈工程建设等。

第六十二条 县级以上人民政府设立的相关专项资金、基金应当按照规定加强对乡村振兴的支持。

国家支持以市场化方式设立乡村振兴基金，重点支持乡村产业发展和公共基础设施建设。

县级以上地方人民政府应当优化乡村营商环境，鼓励创新投融资方式，引导社会资本投向乡村。

第六十三条 国家综合运用财政、金融等政策措施，完善政府性融资担保机制，依法完善乡村资产抵押担保权能，改进、加强乡村振兴的金融支持和服务。

财政出资设立的农业信贷担保机构应当主要为从事农业生产和与农业生产直接相关的经营主体服务。

第六十四条 国家健全多层次资本市场，多渠道推动涉农企业股权融资，发展并规范债券市场，促进涉农企业利用多种方式融资；丰富农产品期货品种，发挥期货市场价格发现和风险分散功能。

第六十五条 国家建立健全多层次、广覆盖、可持续的农村金融服务体系，完善金融支持乡村振兴考核评估机制，促进农村普惠金融发展，鼓励金融机构依法将更多资源配置到乡村发展的重点领域和薄弱环节。

政策性金融机构应当在业务范围内为乡村振兴提供信贷支持和其他金融服务，加大对乡村振兴的支持力度。

商业银行应当结合自身职能定位和业务优势，创新金融产品和服务模式，扩大基础金融服务覆盖面，增加对农民和农业经营主体的信贷规模，为乡村振兴提供金融服务。

农村商业银行、农村合作银行、农村信用社等农村中小金融机构应当主要为本地农业农村农民服务，当年新增可贷资金主要用于当地农业农村发展。

第六十六条 国家建立健全多层次农业保险体系，完善政策性农业保险制度，鼓励商业性保险公司开展农业保险业务，支持农民和农业经营主体依法开展互助合作保险。

县级以上人民政府应当采取保费补贴等措施，支持保险机构适当增加保险品种，扩大农业保险覆盖面，促进农业保险发展。

第六十七条 县级以上地方人民政府应当推进节约集约用地，提高土地使用效率，依法采取措施盘活农村存量建设用地，激活农村土地资源，完善农村新增建设用地保障机制，满足乡村产业、公共服务设施和农民住宅用地合理需求。

县级以上地方人民政府应当保障乡村产业用地，建设用地指标应当向乡村发展倾斜，县域内新增耕地指标应当优先用于折抵乡村产业发展所需建设用地指标，探索灵活多样的供地新方式。

经国土空间规划确定为工业、商业等经营性用途并依法登记的集体经营性建设用地，土地所有权人可以依法通过出让、出租等方式交由单位或者个人使用，优先用于发展集体所有制经济和乡村产业。

第九章 监督检查

第六十八条 国家实行乡村振兴战略实施目标责任制和考核评价制

度。上级人民政府应当对下级人民政府实施乡村振兴战略的目标完成情况等进行考核，考核结果作为地方人民政府及其负责人综合考核评价的重要内容。

第六十九条 国务院和省、自治区、直辖市人民政府有关部门建立客观反映乡村振兴进展的指标和统计体系。县级以上地方人民政府应当对本行政区域内乡村振兴战略实施情况进行评估。

第七十条 县级以上各级人民政府应当向本级人民代表大会或者其常务委员会报告乡村振兴促进工作情况。乡镇人民政府应当向本级人民代表大会报告乡村振兴促进工作情况。

第七十一条 地方各级人民政府应当每年向上一级人民政府报告乡村振兴促进工作情况。

县级以上人民政府定期对下一级人民政府乡村振兴促进工作情况开展监督检查。

第七十二条 县级以上人民政府发展改革、财政、农业农村、审计等部门按照各自职责对农业农村投入优先保障机制落实情况、乡村振兴资金使用情况和绩效等实施监督。

第七十三条 各级人民政府及其有关部门在乡村振兴促进工作中不履行或者不正确履行职责的，依照法律法规和国家有关规定追究责任，对直接负责的主管人员和其他直接责任人员依法给予处分。

违反有关农产品质量安全、生态环境保护、土地管理等法律法规的，由有关主管部门依法予以处罚；构成犯罪的，依法追究刑事责任。

第十章 附 则

第七十四条 本法自 2021 年 6 月 1 日起施行。

中华人民共和国行政处罚法

（1996年3月17日第八届全国人民代表大会第四次会议通过　根据2009年8月27日第十一届全国人民代表大会常务委员会第十次会议《关于修改部分法律的决定》第一次修正　根据2017年9月1日第十二届全国人民代表大会常务委员会第二十九次会议《关于修改〈中华人民共和国法官法〉等八部法律的决定》第二次修正　2021年1月22日第十三届全国人民代表大会常务委员会第二十五次会议修订　2021年1月22日公布自2021年7月15日起施行）

目　　录

第一章　总　　则

第一条　为了规范行政处罚的设定和实施，保障和监督行政机关有效实施行政管理，维护公共利益和社会秩序，保护公民、法人或者其他组织的合法权益，根据宪法，制定本法。

第二条　行政处罚是指行政机关依法对违反行政管理秩序的公民、法人或者其他组织，以减损权益或者增加义务的方式予以惩戒的行为。

第三条　行政处罚的设定和实施，适用本法。

第四条　公民、法人或者其他组织违反行政管理秩序的行为，应当给予行政处罚的，依照本法由法律、法规、规章规定，并由行政机关依照本法规定的程序实施。

第五条　行政处罚遵循公正、公开的原则。

设定和实施行政处罚必须以事实为依据，与违法行为的事实、性质、情节以及社会危害程度相当。

对违法行为给予行政处罚的规定必须公布；未经公布的，不得作为行政处罚的依据。

第六条　实施行政处罚，纠正违法行为，应当坚持处罚与教育相结合，教育公民、法人或者其他组织自觉守法。

第七条　公民、法人或者其他组织对行政机关所给予的行政处罚，享有陈述权、申辩权；对行政处罚不服的，有权依法申请行政复议或者提起行政诉讼。

公民、法人或者其他组织因行政机关违法给予行政处罚受到损害的，有权依法提出赔偿要求。

第八条　公民、法人或者其他组织因违法行为受到行政处罚，其违法行为对他人造成损害的，应当依法承担民事责任。

违法行为构成犯罪，应当依法追究刑事责任的，不得以行政处罚代替刑事处罚。

第二章　行政处罚的种类和设定

第九条　行政处罚的种类：

（一）警告、通报批评；

（二）罚款、没收违法所得、没收非法财物；

（三）暂扣许可证件、降低资质等级、吊销许可证件；

（四）限制开展生产经营活动、责令停产停业、责令关闭、限制从业；

（五）行政拘留；

（六）法律、行政法规规定的其他行政处罚。

第十条　法律可以设定各种行政处罚。

限制人身自由的行政处罚，只能由法律设定。

第十一条　行政法规可以设定除限制人身自由以外的行政处罚。

法律对违法行为已经作出行政处罚规定，行政法规需要作出具体规定的，必须在法律规定的给予行政处罚的行为、种类和幅度的范围内规定。

法律对违法行为未作出行政处罚规定，行政法规为实施法律，可以补充设定行政处罚。拟补充设定行政处罚的，应当通过听证会、论证会等形式广泛听取意见，并向制定机关作出书面说明。行政法规报送备案时，应当说明补充设定行政处罚的情况。

第十二条　地方性法规可以设定除限制人身自由、吊销营业执照以外的行政处罚。

法律、行政法规对违法行为已经作出行政处罚规定，地方性法规需要作出具体规定的，必须在法律、行政法规规定的给予行政处罚的行为、种类和幅度的范围内规定。

法律、行政法规对违法行为未作出行政处罚规定，地方性法规为实施法律、行政法规，可以补充设定行政处罚。拟补充设定行政处罚的，应当通过听证会、论证会等形式广泛听取意见，并向制定机关作出书面说明。地方性法规报送备案时，应当说明补充设定行政处罚的情况。

第十三条 国务院部门规章可以在法律、行政法规规定的给予行政处罚的行为、种类和幅度的范围内作出具体规定。

尚未制定法律、行政法规的，国务院部门规章对违反行政管理秩序的行为，可以设定警告、通报批评或者一定数额罚款的行政处罚。罚款的限额由国务院规定。

第十四条 地方政府规章可以在法律、法规规定的给予行政处罚的行为、种类和幅度的范围内作出具体规定。

尚未制定法律、法规的，地方政府规章对违反行政管理秩序的行为，可以设定警告、通报批评或者一定数额罚款的行政处罚。罚款的限额由省、自治区、直辖市人民代表大会常务委员会规定。

第十五条 国务院部门和省、自治区、直辖市人民政府及其有关部门应当定期组织评估行政处罚的实施情况和必要性，对不适当的行政处罚事项及种类、罚款数额等，应当提出修改或者废止的建议。

第十六条 除法律、法规、规章外，其他规范性文件不得设定行政处罚。

第三章 行政处罚的实施机关

第十七条 行政处罚由具有行政处罚权的行政机关在法定职权范围内实施。

第十八条 国家在城市管理、市场监管、生态环境、文化市场、交通运输、应急管理、农业等领域推行建立综合行政执法制度，相对集中行政处罚权。

国务院或者省、自治区、直辖市人民政府可以决定一个行政机关行使有关行政机关的行政处罚权。

限制人身自由的行政处罚权只能由公安机关和法律规定的其他机关

行使。

第十九条 法律、法规授权的具有管理公共事务职能的组织可以在法定授权范围内实施行政处罚。

第二十条 行政机关依照法律、法规、规章的规定，可以在其法定权限内书面委托符合本法第二十一条规定条件的组织实施行政处罚。行政机关不得委托其他组织或者个人实施行政处罚。

委托书应当载明委托的具体事项、权限、期限等内容。委托行政机关和受委托组织应当将委托书向社会公布。

委托行政机关对受委托组织实施行政处罚的行为应当负责监督，并对该行为的后果承担法律责任。

受委托组织在委托范围内，以委托行政机关名义实施行政处罚；不得再委托其他组织或者个人实施行政处罚。

第二十一条 受委托组织必须符合以下条件：

（一）依法成立并具有管理公共事务职能；

（二）有熟悉有关法律、法规、规章和业务并取得行政执法资格的工作人员；

（三）需要进行技术检查或者技术鉴定的，应当有条件组织进行相应的技术检查或者技术鉴定。

第四章 行政处罚的管辖和适用

第二十二条 行政处罚由违法行为发生地的行政机关管辖。法律、行政法规、部门规章另有规定的，从其规定。

第二十三条 行政处罚由县级以上地方人民政府具有行政处罚权的行政机关管辖。法律、行政法规另有规定的，从其规定。

第二十四条 省、自治区、直辖市根据当地实际情况，可以决定将基层管理迫切需要的县级人民政府部门的行政处罚权交由能够有效承接的乡镇人民政府、街道办事处行使，并定期组织评估。决定应当公布。

承接行政处罚权的乡镇人民政府、街道办事处应当加强执法能力建设，按照规定范围、依照法定程序实施行政处罚。

有关地方人民政府及其部门应当加强组织协调、业务指导、执法监督，建立健全行政处罚协调配合机制，完善评议、考核制度。

第二十五条 两个以上行政机关都有管辖权的，由最先立案的行政机关管辖。

对管辖发生争议的，应当协商解决，协商不成的，报请共同的上一级行政机关指定管辖；也可以直接由共同的上一级行政机关指定管辖。

第二十六条 行政机关因实施行政处罚的需要，可以向有关机关提出协助请求。协助事项属于被请求机关职权范围内的，应当依法予以协助。

第二十七条 违法行为涉嫌犯罪的，行政机关应当及时将案件移送司法机关，依法追究刑事责任。对依法不需要追究刑事责任或者免予刑事处罚，但应当给予行政处罚的，司法机关应当及时将案件移送有关行政机关。

行政处罚实施机关与司法机关之间应当加强协调配合，建立健全案件移送制度，加强证据材料移交、接收衔接，完善案件处理信息通报机制。

第二十八条 行政机关实施行政处罚时，应当责令当事人改正或者限期改正违法行为。

当事人有违法所得，除依法应当退赔的外，应当予以没收。违法所得是指实施违法行为所取得的款项。法律、行政法规、部门规章对违法所得的计算另有规定的，从其规定。

第二十九条 对当事人的同一个违法行为，不得给予两次以上罚款的行政处罚。同一个违法行为违反多个法律规范应当给予罚款处罚的，按照罚款数额高的规定处罚。

第三十条 不满十四周岁的未成年人有违法行为的，不予行政处罚，责令监护人加以管教；已满十四周岁不满十八周岁的未成年人有违法行为的，应当从轻或者减轻行政处罚。

第三十一条 精神病人、智力残疾人在不能辨认或者不能控制自己行为时有违法行为的，不予行政处罚，但应当责令其监护人严加看管和治疗。间歇性精神病人在精神正常时有违法行为的，应当给予行政处罚。尚未完全丧失辨认或者控制自己行为能力的精神病人、智力残疾人有违法行为的，可以从轻或者减轻行政处罚。

第三十二条 当事人有下列情形之一，应当从轻或者减轻行政处罚：

（一）主动消除或者减轻违法行为危害后果的；

（二）受他人胁迫或者诱骗实施违法行为的；

（三）主动供述行政机关尚未掌握的违法行为的；

（四）配合行政机关查处违法行为有立功表现的；

（五）法律、法规、规章规定其他应当从轻或者减轻行政处罚的。

第三十三条 违法行为轻微并及时改正，没有造成危害后果的，不予行政处罚。初次违法且危害后果轻微并及时改正的，可以不予行政处罚。

当事人有证据足以证明没有主观过错的，不予行政处罚。法律、行政法规另有规定的，从其规定。

对当事人的违法行为依法不予行政处罚的，行政机关应当对当事人进行教育。

第三十四条 行政机关可以依法制定行政处罚裁量基准，规范行使行政处罚裁量权。行政处罚裁量基准应当向社会公布。

第三十五条 违法行为构成犯罪，人民法院判处拘役或者有期徒刑时，行政机关已经给予当事人行政拘留的，应当依法折抵相应刑期。

违法行为构成犯罪，人民法院判处罚金时，行政机关已经给予当事人罚款的，应当折抵相应罚金；行政机关尚未给予当事人罚款的，不再给予罚款。

第三十六条 违法行为在二年内未被发现的，不再给予行政处罚；涉及公民生命健康安全、金融安全且有危害后果的，上述期限延长至五年。法律另有规定的除外。

前款规定的期限，从违法行为发生之日起计算；违法行为有连续或者继续状态的，从行为终了之日起计算。

第三十七条 实施行政处罚，适用违法行为发生时的法律、法规、规章的规定。但是，作出行政处罚决定时，法律、法规、规章已被修改或者废止，且新的规定处罚较轻或者不认为是违法的，适用新的规定。

第三十八条 行政处罚没有依据或者实施主体不具有行政主体资格的，行政处罚无效。

违反法定程序构成重大且明显违法的，行政处罚无效。

第五章 行政处罚的决定

第一节 一般规定

第三十九条 行政处罚的实施机关、立案依据、实施程序和救济渠道等信息应当公示。

第四十条 公民、法人或者其他组织违反行政管理秩序的行为，依法应当给予行政处罚的，行政机关必须查明事实；违法事实不清、证据不足的，不得给予行政处罚。

第四十一条 行政机关依照法律、行政法规规定利用电子技术监控设备收集、固定违法事实的，应当经过法制和技术审核，确保电子技术监控设备符合标准、设置合理、标志明显，设置地点应当向社会公布。

电子技术监控设备记录违法事实应当真实、清晰、完整、准确。行政机关应当审核记录内容是否符合要求；未经审核或者经审核不符合要求的，不得作为行政处罚的证据。

行政机关应当及时告知当事人违法事实，并采取信息化手段或者其他措施，为当事人查询、陈述和申辩提供便利。不得限制或者变相限制当事人享有的陈述权、申辩权。

第四十二条 行政处罚应当由具有行政执法资格的执法人员实施。执法人员不得少于两人，法律另有规定的除外。

执法人员应当文明执法，尊重和保护当事人合法权益。

第四十三条 执法人员与案件有直接利害关系或者有其他关系可能影响公正执法的，应当回避。

当事人认为执法人员与案件有直接利害关系或者有其他关系可能影响公正执法的，有权申请回避。

当事人提出回避申请的，行政机关应当依法审查，由行政机关负责人决定。决定作出之前，不停止调查。

第四十四条 行政机关在作出行政处罚决定之前，应当告知当事人拟作出的行政处罚内容及事实、理由、依据，并告知当事人依法享有的陈述、申辩、要求听证等权利。

第四十五条 当事人有权进行陈述和申辩。行政机关必须充分听取当事人的意见，对当事人提出的事实、理由和证据，应当进行复核；当事人提出的事实、理由或者证据成立的，行政机关应当采纳。

行政机关不得因当事人陈述、申辩而给予更重的处罚。

第四十六条 证据包括：

（一）书证；

（二）物证；

（三）视听资料；

（四）电子数据；

（五）证人证言；

（六）当事人的陈述；

（七）鉴定意见；

（八）勘验笔录、现场笔录。

证据必须经查证属实，方可作为认定案件事实的根据。

以非法手段取得的证据，不得作为认定案件事实的根据。

第四十七条 行政机关应当依法以文字、音像等形式，对行政处罚的启动、调查取证、审核、决定、送达、执行等进行全过程记录，归档保存。

第四十八条 具有一定社会影响的行政处罚决定应当依法公开。

公开的行政处罚决定被依法变更、撤销、确认违法或者确认无效的，行政机关应当在三日内撤回行政处罚决定信息并公开说明理由。

第四十九条 发生重大传染病疫情等突发事件，为了控制、减轻和消除突发事件引起的社会危害，行政机关对违反突发事件应对措施的行为，依法快速、从重处罚。

第五十条 行政机关及其工作人员对实施行政处罚过程中知悉的国家秘密、商业秘密或者个人隐私，应当依法予以保密。

第二节 简易程序

第五十一条 违法事实确凿并有法定依据，对公民处以二百元以下、对法人或者其他组织处以三千元以下罚款或者警告的行政处罚的，可以当场作出行政处罚决定。法律另有规定的，从其规定。

第五十二条 执法人员当场作出行政处罚决定的，应当向当事人出示执法证件，填写预定格式、编有号码的行政处罚决定书，并当场交付当事人。当事人拒绝签收的，应当在行政处罚决定书上注明。

前款规定的行政处罚决定书应当载明当事人的违法行为，行政处罚的种类和依据、罚款数额、时间、地点，申请行政复议、提起行政诉讼的途径和期限以及行政机关名称，并由执法人员签名或者盖章。

执法人员当场作出的行政处罚决定，应当报所属行政机关备案。

第五十三条 对当场作出的行政处罚决定，当事人应当依照本法第六十七条至第六十九条的规定履行。

第三节 普通程序

第五十四条 除本法第五十一条规定的可以当场作出的行政处罚外，行政机关发现公民、法人或者其他组织有依法应当给予行政处罚的行为的，必须全面、客观、公正地调查，收集有关证据；必要时，依照法律、法规的规定，可以进行检查。

符合立案标准的，行政机关应当及时立案。

第五十五条 执法人员在调查或者进行检查时，应当主动向当事人或者有关人员出示执法证件。当事人或者有关人员有权要求执法人员出示执法证件。执法人员不出示执法证件的，当事人或者有关人员有权拒绝接受调查或者检查。

当事人或者有关人员应当如实回答询问，并协助调查或者检查，不得拒绝或者阻挠。询问或者检查应当制作笔录。

第五十六条 行政机关在收集证据时，可以采取抽样取证的方法；在证据可能灭失或者以后难以取得的情况下，经行政机关负责人批准，可以先行登记保存，并应当在七日内及时作出处理决定，在此期间，当事人或者有关人员不得销毁或者转移证据。

第五十七条 调查终结，行政机关负责人应当对调查结果进行审查，根据不同情况，分别作出如下决定：

（一）确有应受行政处罚的违法行为的，根据情节轻重及具体情况，作出行政处罚决定；

（二）违法行为轻微，依法可以不予行政处罚的，不予行政处罚；

（三）违法事实不能成立的，不予行政处罚；

（四）违法行为涉嫌犯罪的，移送司法机关。

对情节复杂或者重大违法行为给予行政处罚，行政机关负责人应当集体讨论决定。

第五十八条 有下列情形之一，在行政机关负责人作出行政处罚的决定之前，应当由从事行政处罚决定法制审核的人员进行法制审核；未经法制审核或者审核未通过的，不得作出决定：

（一）涉及重大公共利益的；

（二）直接关系当事人或者第三人重大权益，经过听证程序的；

（三）案件情况疑难复杂、涉及多个法律关系的；

（四）法律、法规规定应当进行法制审核的其他情形。

行政机关中初次从事行政处罚决定法制审核的人员，应当通过国家统一法律职业资格考试取得法律职业资格。

第五十九条　行政机关依照本法第五十七条的规定给予行政处罚，应当制作行政处罚决定书。行政处罚决定书应当载明下列事项：

（一）当事人的姓名或者名称、地址；

（二）违反法律、法规、规章的事实和证据；

（三）行政处罚的种类和依据；

（四）行政处罚的履行方式和期限；

（五）申请行政复议、提起行政诉讼的途径和期限；

（六）作出行政处罚决定的行政机关名称和作出决定的日期。

行政处罚决定书必须盖有作出行政处罚决定的行政机关的印章。

第六十条　行政机关应当自行政处罚案件立案之日起九十日内作出行政处罚决定。法律、法规、规章另有规定的，从其规定。

第六十一条　行政处罚决定书应当在宣告后当场交付当事人；当事人不在场的，行政机关应当在七日内依照《中华人民共和国民事诉讼法》的有关规定，将行政处罚决定书送达当事人。

当事人同意并签订确认书的，行政机关可以采用传真、电子邮件等方式，将行政处罚决定书等送达当事人。

第六十二条　行政机关及其执法人员在作出行政处罚决定之前，未依照本法第四十四条、第四十五条的规定向当事人告知拟作出的行政处罚内容及事实、理由、依据，或者拒绝听取当事人的陈述、申辩，不得作出行政处罚决定；当事人明确放弃陈述或者申辩权利的除外。

第四节　听证程序

第六十三条　行政机关拟作出下列行政处罚决定，应当告知当事人有要求听证的权利，当事人要求听证的，行政机关应当组织听证：

（一）较大数额罚款；

（二）没收较大数额违法所得、没收较大价值非法财物；

（三）降低资质等级、吊销许可证件；

（四）责令停产停业、责令关闭、限制从业；

（五）其他较重的行政处罚；

（六）法律、法规、规章规定的其他情形。

当事人不承担行政机关组织听证的费用。

第六十四条 听证应当依照以下程序组织：

（一）当事人要求听证的，应当在行政机关告知后五日内提出；

（二）行政机关应当在举行听证的七日前，通知当事人及有关人员听证的时间、地点；

（三）除涉及国家秘密、商业秘密或者个人隐私依法予以保密外，听证公开举行；

（四）听证由行政机关指定的非本案调查人员主持；当事人认为主持人与本案有直接利害关系的，有权申请回避；

（五）当事人可以亲自参加听证，也可以委托一至二人代理；

（六）当事人及其代理人无正当理由拒不出席听证或者未经许可中途退出听证的，视为放弃听证权利，行政机关终止听证；

（七）举行听证时，调查人员提出当事人违法的事实、证据和行政处罚建议，当事人进行申辩和质证；

（八）听证应当制作笔录。笔录应当交当事人或者其代理人核对无误后签字或者盖章。当事人或者其代理人拒绝签字或者盖章的，由听证主持人在笔录中注明。

第六十五条 听证结束后，行政机关应当根据听证笔录，依照本法第五十七条的规定，作出决定。

第六章 行政处罚的执行

第六十六条 行政处罚决定依法作出后，当事人应当在行政处罚决定书载明的期限内，予以履行。

当事人确有经济困难，需要延期或者分期缴纳罚款的，经当事人申请和行政机关批准，可以暂缓或者分期缴纳。

第六十七条 作出罚款决定的行政机关应当与收缴罚款的机构分离。

除依照本法第六十八条、第六十九条的规定当场收缴的罚款外，作出行政处罚决定的行政机关及其执法人员不得自行收缴罚款。

当事人应当自收到行政处罚决定书之日起十五日内，到指定的银行或者通过电子支付系统缴纳罚款。银行应当收受罚款，并将罚款直接上缴国库。

第六十八条 依照本法第五十一条的规定当场作出行政处罚决定，有下列情形之一，执法人员可以当场收缴罚款：

（一）依法给予一百元以下罚款的；

（二）不当场收缴事后难以执行的。

第六十九条 在边远、水上、交通不便地区，行政机关及其执法人员依照本法第五十一条、第五十七条的规定作出罚款决定后，当事人到指定的银行或者通过电子支付系统缴纳罚款确有困难，经当事人提出，行政机关及其执法人员可以当场收缴罚款。

第七十条 行政机关及其执法人员当场收缴罚款的，必须向当事人出具国务院财政部门或者省、自治区、直辖市人民政府财政部门统一制发的专用票据；不出具财政部门统一制发的专用票据的，当事人有权拒绝缴纳罚款。

第七十一条 执法人员当场收缴的罚款，应当自收缴罚款之日起二日内，交至行政机关；在水上当场收缴的罚款，应当自抵岸之日起二日内交至行政机关；行政机关应当在二日内将罚款缴付指定的银行。

第七十二条 当事人逾期不履行行政处罚决定的，作出行政处罚决定的行政机关可以采取下列措施：

（一）到期不缴纳罚款的，每日按罚款数额的百分之三加处罚款，加处罚款的数额不得超出罚款的数额；

（二）根据法律规定，将查封、扣押的财物拍卖、依法处理或者将冻结的存款、汇款划拨抵缴罚款；

（三）根据法律规定，采取其他行政强制执行方式；

（四）依照《中华人民共和国行政强制法》的规定申请人民法院强制执行。

行政机关批准延期、分期缴纳罚款的，申请人民法院强制执行的期限，自暂缓或者分期缴纳罚款期限结束之日起计算。

第七十三条 当事人对行政处罚决定不服，申请行政复议或者提起行政诉讼的，行政处罚不停止执行，法律另有规定的除外。

当事人对限制人身自由的行政处罚决定不服，申请行政复议或者提起行政诉讼的，可以向作出决定的机关提出暂缓执行申请。符合法律规定情形的，应当暂缓执行。

当事人申请行政复议或者提起行政诉讼的，加处罚款的数额在行政复议或者行政诉讼期间不予计算。

第七十四条 除依法应当予以销毁的物品外，依法没收的非法财物必须按照国家规定公开拍卖或者按照国家有关规定处理。

罚款、没收的违法所得或者没收非法财物拍卖的款项，必须全部上缴国库，任何行政机关或者个人不得以任何形式截留、私分或者变相私分。

罚款、没收的违法所得或者没收非法财物拍卖的款项，不得同作出行政处罚决定的行政机关及其工作人员的考核、考评直接或者变相挂钩。除依法应当退还、退赔的外，财政部门不得以任何形式向作出行政处罚决定的行政机关返还罚款、没收的违法所得或者没收非法财物拍卖的款项。

第七十五条 行政机关应当建立健全对行政处罚的监督制度。县级以上人民政府应当定期组织开展行政执法评议、考核，加强对行政处罚的监督检查，规范和保障行政处罚的实施。

行政机关实施行政处罚应当接受社会监督。公民、法人或者其他组织对行政机关实施行政处罚的行为，有权申诉或者检举；行政机关应当认真审查，发现有错误的，应当主动改正。

第七章　法律责任

第七十六条　行政机关实施行政处罚，有下列情形之一，由上级行政机关或者有关机关责令改正，对直接负责的主管人员和其他直接责任人员依法给予处分：

（一）没有法定的行政处罚依据的；

（二）擅自改变行政处罚种类、幅度的；

（三）违反法定的行政处罚程序的；

（四）违反本法第二十条关于委托处罚的规定的；

（五）执法人员未取得执法证件的。

行政机关对符合立案标准的案件不及时立案的，依照前款规定予以处理。

第七十七条　行政机关对当事人进行处罚不使用罚款、没收财物单据或者使用非法定部门制发的罚款、没收财物单据的，当事人有权拒绝，并有权予以检举，由上级行政机关或者有关机关对使用的非法单据予以收缴销毁，对直接负责的主管人员和其他直接责任人员依法给予处分。

第七十八条　行政机关违反本法第六十七条的规定自行收缴罚款的，财政部门违反本法第七十四条的规定向行政机关返还罚款、没收的违法所得或者拍卖款项的，由上级行政机关或者有关机关责令改正，对直接负责的主管人员和其他直接责任人员依法给予处分。

第七十九条　行政机关截留、私分或者变相私分罚款、没收的违法所得或者财物的，由财政部门或者有关机关予以追缴，对直接负责的主管人员和其他直接责任人员依法给予处分；情节严重构成犯罪的，依法追究刑事责任。

执法人员利用职务上的便利，索取或者收受他人财物、将收缴罚款据为己有，构成犯罪的，依法追究刑事责任；情节轻微不构成犯罪的，依法给予处分。

第八十条 行政机关使用或者损毁查封、扣押的财物，对当事人造成损失的，应当依法予以赔偿，对直接负责的主管人员和其他直接责任人员依法给予处分。

第八十一条 行政机关违法实施检查措施或者执行措施，给公民人身或者财产造成损害、给法人或者其他组织造成损失的，应当依法予以赔偿，对直接负责的主管人员和其他直接责任人员依法给予处分；情节严重构成犯罪的，依法追究刑事责任。

第八十二条 行政机关对应当依法移交司法机关追究刑事责任的案件不移交，以行政处罚代替刑事处罚，由上级行政机关或者有关机关责令改正，对直接负责的主管人员和其他直接责任人员依法给予处分；情节严重构成犯罪的，依法追究刑事责任。

第八十三条 行政机关对应当予以制止和处罚的违法行为不予制止、处罚，致使公民、法人或者其他组织的合法权益、公共利益和社会秩序遭受损害的，对直接负责的主管人员和其他直接责任人员依法给予处分；情节严重构成犯罪的，依法追究刑事责任。

第八章 附 则

第八十四条 外国人、无国籍人、外国组织在中华人民共和国领域内有违法行为，应当给予行政处罚的，适用本法，法律另有规定的除外。

第八十五条 本法中“二日”“三日”“五日”“七日”的规定是指工作日，不含法定节假日。

第八十六条 本法自 2021 年 7 月 15 日起施行。

最高人民法院

关于审理使用人脸识别技术处理个人信息相关民事案件适用法律若干问题的规定

法释〔2021〕15号

（2021年6月8日最高人民法院审判委员会第1841次会议通过
2021年7月27日最高人民法院公告公布
自2021年8月1日起施行）

为正确审理使用人脸识别技术处理个人信息相关民事案件，保护当事人合法权益，促进数字经济健康发展，根据《中华人民共和国民法典》《中华人民共和国网络安全法》《中华人民共和国消费者权益保护法》《中华人民共和国电子商务法》《中华人民共和国民事诉讼法》等法律的规定，结合审判实践，制定本规定。

第一条 因信息处理者违反法律、行政法规的规定或者双方的约定使用人脸识别技术处理人脸信息、处理基于人脸识别技术生成的人脸信息所引起的民事案件，适用本规定。

人脸信息的处理包括人脸信息的收集、存储、使用、加工、传输、提供、公开等。

本规定所称人脸信息属于民法典第一千零三十四条规定的“生物识别信息”。

第二条 信息处理者处理人脸信息有下列情形之一的，人民法院应当认定属于侵害自然人人格权益的行为：

（一）在宾馆、商场、银行、车站、机场、体育场馆、娱乐场所等经营场所、公共场所违反法律、行政法规的规定使用人脸识别技术进行人脸验证、辨识或者分析；

（二）未公开处理人脸信息的规则或者未明示处理的目的、方式、范围；

（三）基于个人同意处理人脸信息的，未征得自然人或者其监护人的单独同意，或者未按照法律、行政法规的规定征得自然人或者其监护人的书面同意；

（四）违反信息处理者明示或者双方约定的处理人脸信息的目的、方式、范围等；

（五）未采取应有的技术措施或者其他必要措施确保其收集、存储的人脸信息安全，致使人脸信息泄露、篡改、丢失；

（六）违反法律、行政法规的规定或者双方的约定，向他人提供人脸信息；

（七）违背公序良俗处理人脸信息；

（八）违反合法、正当、必要原则处理人脸信息的其他情形。

第三条 人民法院认定信息处理者承担侵害自然人人格权益的民事责任，应当适用民法典第九百九十八条的规定，并结合案件具体情况综合考量受害人是否为未成年人、告知同意情况以及信息处理的必要程度等因素。

第四条 有下列情形之一，信息处理者以已征得自然人或者其监护人同意为由抗辩的，人民法院不予支持：

（一）信息处理者要求自然人同意处理其人脸信息才提供产品或者服务的，但是处理人脸信息属于提供产品或者服务所必需的除外；

（二）信息处理者以与其他授权捆绑等方式要求自然人同意处理其人脸信息的；

（三）强迫或者变相强迫自然人同意处理其人脸信息的其他情形。

第五条 有下列情形之一，信息处理者主张其不承担民事责任的，人民法院依法予以支持：

（一）为应对突发公共卫生事件，或者紧急情况下为保护自然人的生命健康和财产安全所必需而处理人脸信息的；

（二）为维护公共安全，依据国家有关规定在公共场所使用人脸识别技术的；

（三）为公共利益实施新闻报道、舆论监督等行为在合理的范围内处理人脸信息的；

（四）在自然人或者其监护人同意的范围内合理处理人脸信息的；

（五）符合法律、行政法规规定的其他情形。

第六条 当事人请求信息处理者承担民事责任的，人民法院应当依据民事诉讼法第六十四条及《最高人民法院关于适用〈中华人民共和国民事诉讼法〉的解释》第九十条、第九十一条，《最高人民法院关于民事诉讼证据的若干规定》的相关规定确定双方当事人的举证责任。

信息处理者主张其行为符合民法典第一千零三十五条第一款规定情形的，应当就此所依据的事实承担举证责任。

信息处理者主张其不承担民事责任的，应当就其行为符合本规定第五条规定的情形承担举证责任。

第七条 多个信息处理者处理人脸信息侵害自然人人格权益，该自然人主张多个信息处理者按照过错程度和造成损害结果的大小承担侵权责任的，人民法院依法予以支持；符合民法典第一千一百六十八条、第一千一百六十九条第一款、第一千一百七十条、第一千一百七十一条等规定的相应情形，该自然人主张多个信息处理者承担连带责任的，人民法院依法予以支持。

信息处理者利用网络服务处理人脸信息侵害自然人人格权益的，适用民法典第一千一百九十五条、第一千一百九十六条、第一千一百九十七条等规定。

第八条 信息处理者处理人脸信息侵害自然人人格权益造成财产损

失，该自然人依据民法典第一千一百八十二条主张财产损害赔偿的，人民法院依法予以支持。

自然人为制止侵权行为所支付的合理开支，可以认定为民法典第一千一百八十二条规定的财产损失。合理开支包括该自然人或者委托代理人对侵权行为进行调查、取证的合理费用。人民法院根据当事人的请求和具体案情，可以将合理的律师费用计算在赔偿范围内。

第九条 自然人有证据证明信息处理者使用人脸识别技术正在实施或者即将实施侵害其隐私权或者其他人格权益的行为，不及时制止将使其合法权益受到难以弥补的损害，向人民法院申请采取责令信息处理者停止有关行为的措施的，人民法院可以根据案件具体情况依法作出人格权侵害禁令。

第十条 物业服务企业或者其他建筑物管理人以人脸识别作为业主或者物业使用人出入物业服务区域的唯一验证方式，不同意的业主或者物业使用人请求其提供其他合理验证方式的，人民法院依法予以支持。

物业服务企业或者其他建筑物管理人存在本规定第二条规定的情形，当事人请求物业服务企业或者其他建筑物管理人承担侵权责任的，人民法院依法予以支持。

第十一条 信息处理者采用格式条款与自然人订立合同，要求自然人授予其无期限限制、不可撤销、可任意转授权等处理人脸信息的权利，该自然人依据民法典第四百九十七条请求确认格式条款无效的，人民法院依法予以支持。

第十二条 信息处理者违反约定处理自然人的人脸信息，该自然人请求其承担违约责任的，人民法院依法予以支持。该自然人请求信息处理者承担违约责任时，请求删除人脸信息的，人民法院依法予以支持；信息处理者以双方未对人脸信息的删除作出约定为由抗辩的，人民法院不予支持。

第十三条 基于同一信息处理者处理人脸信息侵害自然人人格权益发生的纠纷，多个受害人分别向同一人民法院起诉的，经当事人同意，人民法院可以合并审理。

第十四条 信息处理者处理人脸信息的行为符合民事诉讼法第五十五条、消费者权益保护法第四十七条或者其他法律关于民事公益诉讼的相关规定，法律规定的机关和有关组织提起民事公益诉讼的，人民法院应予受理。

第十五条 自然人死亡后，信息处理者违反法律、行政法规的规定或者双方的约定处理人脸信息，死者的近亲属依据民法典第九百九十四条请求信息处理者承担民事责任的，适用本规定。

第十六条 本规定自 2021 年 8 月 1 日起施行。

信息处理者使用人脸识别技术处理人脸信息、处理基于人脸识别技术生成的人脸信息的行为发生在本规定施行前的，不适用本规定。

最高人民法院

关于知识产权侵权诉讼中被告以原告滥用权利为由请求赔偿合理开支问题的批复

法释〔2021〕11号

（2021年5月31日最高人民法院审判委员会第1840次会议通过
2021年6月3日最高人民法院公告公布
自2021年6月3日起施行）

上海市高级人民法院：

你院《关于知识产权侵权诉讼中被告以原告滥用权利为由请求赔偿合理开支问题的请示》（沪高法〔2021〕215号）收悉。经研究，批复如下：

在知识产权侵权诉讼中，被告提交证据证明原告的起诉构成法律规定的滥用权利损害其合法权益，依法请求原告赔偿其因该诉讼所支付的合理的律师费、交通费、食宿费等开支的，人民法院依法予以支持。被告也可以另行起诉请求原告赔偿上述合理开支。

最高人民法院

印发《关于修改〈最高人民法院关于司法解释工作的规定〉的决定》的通知

2021年6月9日　　法发〔2021〕20号

各省、自治区、直辖市高级人民法院，解放军军事法院，新疆维吾尔自治区高级人民法院生产建设兵团分院；本院各单位：

《最高人民法院关于修改〈最高人民法院关于司法解释工作的规定〉的决定》已于2021年6月8日经最高人民法院审判委员会第1841次会议通过，现印发给你们，请遵照执行。

最高人民法院

关于修改《最高人民法院关于司法解释工作的规定》的决定

（2021年6月8日最高人民法院审判委员会第1841次会议通过　自2021年6月16日起施行）

根据审判执行工作的需要，经最高人民法院审判委员会第1841次会议决定，对《最高人民法院关于司法解释工作的规定》作如下修改：

将第六条第一款修改为："司法解释的形式分为'解释'、'规定'、

‘规则’、‘批复’和‘决定’五种。”

在第六条第三款之后增加一款作为第四款：“对规范人民法院审判执行活动等方面的司法解释，可以采用‘规则’的形式。”

原第六条第四款、第五款作为第六条第五款、第六款。

本决定自2021年6月16日起施行。

根据本决定，《最高人民法院关于司法解释工作的规定》作相应修改后重新公布。

最高人民法院
关于司法解释工作的规定

（2006年12月11日最高人民法院审判委员会第1408次会议通过　自2007年4月1日起施行　根据2021年6月8日最高人民法院审判委员会第1841次会议通过的《最高人民法院关于修改〈最高人民法院关于司法解释工作的规定〉的决定》修正　该决定自2021年6月16日起施行）

一、一般规定

第一条　为进一步规范和完善司法解释工作，根据《中华人民共和国人民法院组织法》、《中华人民共和国各级人民代表大会常务委员会监督法》和《全国人民代表大会常务委员会关于加强法律解释工作的决议》等有关规定，制定本规定。

第二条　人民法院在审判工作中具体应用法律的问题，由最高人民法院作出司法解释。

第三条　司法解释应当根据法律和有关立法精神，结合审判工作实际需要制定。

第四条　最高人民法院发布的司法解释，应当经审判委员会讨论通过。

第五条 最高人民法院发布的司法解释，具有法律效力。

第六条 司法解释的形式分为“解释”、“规定”、“规则”、“批复”和“决定”五种。

对在审判工作中如何具体应用某一法律或者对某一类案件、某一类问题如何应用法律制定的司法解释，采用“解释”的形式。

根据立法精神对审判工作中需要制定的规范、意见等司法解释，采用“规定”的形式。

对规范人民法院审判执行活动等方面的司法解释，可以采用“规则”的形式。

对高级人民法院、解放军军事法院就审判工作中具体应用法律问题的请示制定的司法解释，采用“批复”的形式。

修改或者废止司法解释，采用“决定”的形式。

第七条 最高人民法院与最高人民检察院共同制定司法解释的工作，应当按照法律规定和双方协商一致的意见办理。

第八条 司法解释立项、审核、协调等工作由最高人民法院研究室统一负责。

二、立项

第九条 制定司法解释，应当立项。

第十条 最高人民法院制定司法解释的立项来源：

（一）最高人民法院审判委员会提出制定司法解释的要求；

（二）最高人民法院各审判业务部门提出制定司法解释的建议；

（三）各高级人民法院、解放军军事法院提出制定司法解释的建议或者对法律应用问题的请示；

（四）全国人大代表、全国政协委员提出制定司法解释的议案、提案；

（五）有关国家机关、社会团体或者其他组织以及公民提出制定司法解释的建议；

（六）最高人民法院认为需要制定司法解释的其他情形。

基层人民法院和中级人民法院认为需要制定司法解释的，应当层报高级人民法院，由高级人民法院审查决定是否向最高人民法院提出制定司法解释的建议或者对法律应用问题进行请示。

第十一条 最高人民法院审判委员会要求制定司法解释的，由研究室直接立项。

对其他制定司法解释的立项来源，由研究室审查是否立项。

第十二条 最高人民法院各审判业务部门拟制定“解释”、“规定”类司法解释的，应当于每年年底前提出下一年度的立项建议送研究室。

研究室汇总立项建议，草拟司法解释年度立项计划，经分管院领导审批后提交审判委员会讨论决定。

因特殊情况，需要增加或者调整司法解释立项的，有关部门提出建议，由研究室报分管院领导审批后报常务副院长或者院长决定。

第十三条 最高人民法院各审判业务部门拟对高级人民法院、解放军军事法院的请示制定批复的，应当及时提出立项建议，送研究室审查立项。

第十四条 司法解释立项计划应当包括以下内容：立项来源，立项的必要性，需要解释的主要事项，司法解释起草计划，承办部门以及其他必要事项。

第十五条 司法解释应当按照审判委员会讨论通过的立项计划完成。未能按照立项计划完成的，起草部门应当及时写出书面说明，由研究室报分管院领导审批后提交审判委员会决定是否继续立项。

三、起草与报送

第十六条 司法解释起草工作由最高人民法院各审判业务部门负责。

涉及不同审判业务部门职能范围的综合性司法解释，由最高人民法院研究室负责起草或者组织、协调相关部门起草。

第十七条 起草司法解释，应当深入调查研究，认真总结审判实践经验，广泛征求意见。

涉及人民群众切身利益或者重大疑难问题的司法解释，经分管院领导审批后报常务副院长或者院长决定，可以向社会公开征求意见。

第十八条 司法解释送审稿应当送全国人民代表大会相关专门委员会或者全国人民代表大会常务委员会相关工作部门征求意见。

第十九条 司法解释送审稿在提交审判委员会讨论前，起草部门应当将送审稿及其说明送研究室审核。

司法解释送审稿及其说明包括：立项计划、调研情况报告、征求意见情况、分管副院长对是否送审的审查意见、主要争议问题和相关法律、法规、司法解释以及其他相关材料。

第二十条 研究室主要审核以下内容：

（一）是否符合宪法、法律规定；

（二）是否超出司法解释权限；

（三）是否与相关司法解释重复、冲突；

（四）是否按照规定程序进行；

（五）提交的材料是否符合要求；

（六）是否充分、客观反映有关方面的主要意见；

（七）主要争议问题与解决方案是否明确；

（八）其他应当审核的内容。

研究室应当在一个月内提出审核意见。

第二十一条 研究室认为司法解释送审稿需要进一步修改、论证或者协调的，应当会同起草部门进行修改、论证或者协调。

第二十二条 研究室对司法解释送审稿审核形成草案后，由起草部门报分管院领导和常务副院长审批后提交审判委员会讨论。

四、讨论

第二十三条 最高人民法院审判委员会应当在司法解释草案报送之次日起三个月内进行讨论。逾期未讨论的，审判委员会办公室可以报常务副院长批准延长。

第二十四条 司法解释草案经审判委员会讨论通过的，由院长或者常务副院长签发。

司法解释草案经审判委员会讨论原则通过的，由起草部门会同研究室根据审判委员会讨论决定进行修改，报分管副院长审核后，由院长或者常务副院长签发。

审判委员会讨论认为制定司法解释的条件尚不成熟的，可以决定进一步论证、暂缓讨论或撤销立项。

五、发布、施行与备案

第二十五条 司法解释以最高人民法院公告形式发布。

司法解释应当在《最高人民法院公报》和《人民法院报》刊登。

司法解释自公告发布之日起施行，但司法解释另有规定的除外。

第二十六条 司法解释应当自发布之日起三十日内报全国人民代表大会常务委员会备案。

备案报送工作由办公厅负责，其他相关工作由研究室负责。

第二十七条 司法解释施行后，人民法院作为裁判依据的，应当在司法文书中援引。

人民法院同时引用法律和司法解释作为裁判依据的，应当先援引法律，后援引司法解释。

第二十八条 最高人民法院对地方各级人民法院和专门人民法院在审判工作中适用司法解释的情况进行监督。上级人民法院对下级人民法院在审判工作中适用司法解释的情况进行监督。

六、编纂、修改、废止

第二十九条 司法解释的编纂由审判委员会决定，具体工作由研究室负责，各审判业务部门参加。

第三十条 司法解释需要修改、废止的，参照司法解释制定程序的相关规定办理，由审判委员会讨论决定。

第三十一条 本规定自2007年4月1日起施行。1997年7月1日发布的《最高人民法院关于司法解释工作的若干规定》同时废止。

最高人民法院

关于开展认可和协助香港特别行政区破产程序试点工作的意见

2021年5月11日　　法发〔2021〕15号

为贯彻落实《中华人民共和国香港特别行政区基本法》第九十五条的规定，进一步完善内地与香港特别行政区司法协助制度体系，促进经济融合发展，优化法治化营商环境，最高人民法院与香港特别行政区政府结合司法实践，就内地与香港特别行政区法院相互认可和协助破产程序工作进行会谈协商，签署《最高人民法院与香港特别行政区政府关于内地与香港特别行政区法院相互认可和协助破产程序的会谈纪要》。按照纪要精神，最高人民法院依据《中华人民共和国民事诉讼法》《中华人民共和国企业破产法》等相关法律，制定本意见。

一、最高人民法院指定上海市、福建省厦门市、广东省深圳市人民法院开展认可和协助香港破产程序的试点工作。

二、本意见所称"香港破产程序"，是指依据香港特别行政区《公司（清盘及杂项条文）条例》《公司条例》进行的集体清偿程序，包括公司强制清盘、公司债权人自动清盘以及由清盘人或者临时清盘人提出并经香港特别行政区高等法院依据香港特别行政区《公司条例》第673条批准的公司债务重组程序。

三、本意见所称"香港管理人"，包括香港破产程序中的清盘人和临时清盘人。

四、本意见适用于香港特别行政区系债务人主要利益中心所在地的香港破产程序。

本意见所称“主要利益中心”，一般是指债务人的注册地。同时，人民法院应当综合考虑债务人主要办事机构所在地、主要营业地、主要财产所在地等因素认定。

在香港管理人申请认可和协助时，债务人主要利益中心应当已经在香港特别行政区连续存在6个月以上。

五、债务人在内地的主要财产位于试点地区、在试点地区存在营业地或者在试点地区设有代表机构的，香港管理人可以依据本意见申请认可和协助香港破产程序。

依据本意见审理的跨境破产协助案件，由试点地区的中级人民法院管辖。

向两个以上有管辖权的人民法院提出申请的，由最先立案的人民法院管辖。

六、申请认可和协助香港破产程序的，香港管理人应当提交下列材料：

（一）申请书；

（二）香港特别行政区高等法院请求认可和协助的函；

（三）启动香港破产程序以及委任香港管理人的有关文件；

（四）债务人主要利益中心位于香港特别行政区的证明材料，证明材料在内地以外形成的，还应当依据内地法律规定办理证明手续；

（五）申请予以认可和协助的裁判文书副本；

（六）香港管理人身份证件的复印件，身份证件在内地以外形成的，还应当依据内地法律规定办理证明手续；

（七）债务人在内地的主要财产位于试点地区、在试点地区存在营业地或者在试点地区设有代表机构的相关证据。

向人民法院提交的文件没有中文文本的，应当提交中文译本。

七、申请书应当载明下列事项：

（一）债务人的名称、注册地以及香港管理人所知悉的债务人主要负责人的姓名、职务、住所、身份证件信息、通讯方式等；

（二）香港管理人的姓名、住所、身份证件信息、通讯方式等；

（三）香港破产程序的进展情况和计划；

（四）申请认可和协助的事项和理由；

（五）债务人在内地的已知财产、营业地、代表机构和债权人情况；

（六）债务人在内地涉及的诉讼、仲裁以及有关债务人财产的保全措施、执行程序等情况；

（七）其他国家或者地区针对债务人进行破产程序的相关情况；

（八）其他应当载明的事项。

八、人民法院应当自收到认可和协助申请之日起五日内通知已知债权人等利害关系人，并予以公告。利害关系人有异议的，应当自收到通知或者发布公告之日起七日内向人民法院书面提出。

人民法院认为有必要的，可以进行听证。

九、在人民法院收到认可和协助申请之后、作出裁定之前，香港管理人申请保全的，人民法院依据内地相关法律规定处理。

十、人民法院裁定认可香港破产程序的，应当依申请同时裁定认可香港管理人身份，并于五日内公告。

十一、人民法院认可香港破产程序后，债务人对个别债权人的清偿无效。

十二、人民法院认可香港破产程序后，已经开始而尚未终结的有关债务人的民事诉讼或者仲裁应当中止；在香港管理人接管债务人的财产后，该诉讼或者仲裁继续进行。

十三、人民法院认可香港破产程序后，有关债务人财产的保全措施应当解除，执行程序应当中止。

十四、人民法院认可香港破产程序后，可以依申请裁定允许香港管理人在内地履行下列职责：

（一）接管债务人的财产、印章和账簿、文书等资料；

（二）调查债务人财产状况，制作财产状况报告；

（三）决定债务人的内部管理事务；

（四）决定债务人的日常开支和其他必要开支；

（五）在第一次债权人会议召开之前，决定继续或者停止债务人的营业；

（六）管理和处分债务人的财产；

（七）代表债务人参加诉讼、仲裁或者其他法律程序；

（八）接受内地债权人的债权申报并进行审核；

（九）人民法院认为可以允许香港管理人履行的其他职责。

香港管理人履行前款规定的职责时，如涉及放弃财产权益、设定财产担保、借款、将财产转移出内地以及实施其他对债权人利益有重大影响的财产处分行为，需经人民法院另行批准。

香港管理人履行职责，不得超出《中华人民共和国企业破产法》规定的范围，也不得超出香港特别行政区法律规定的范围。

十五、人民法院认可香港破产程序后，可以依香港管理人或者债权人的申请指定内地管理人。

指定内地管理人后，本意见第十四条规定的职责由内地管理人行使，债务人在内地的事务和财产适用《中华人民共和国企业破产法》处理。

两地管理人应当加强沟通与合作。

十六、人民法院认可香港破产程序后，可以依申请裁定对破产财产变价、破产财产分配、债务重组安排、终止破产程序等事项提供协助。

人民法院应当自收到上述申请之日起五日内予以公告。利害关系人有异议的，应当自发布公告之日起七日内向人民法院书面提出。

人民法院认为有必要的，可以进行听证。

十七、发现影响认可和协助香港破产程序情形的，人民法院可以变更、终止认可和协助。

发生前款情形的，管理人应当及时报告人民法院并提交相关材料。

十八、利害关系人提供证据证明有下列情形之一的，人民法院审查核实后，应当裁定不予认可或者协助香港破产程序：

（一）债务人主要利益中心不在香港特别行政区或者在香港特别行政区连续存在未满 6 个月的；

（二）不符合《中华人民共和国企业破产法》第二条规定的；

（三）对内地债权人不公平对待的；

（四）存在欺诈的；

（五）人民法院认为应当不予认可或者协助的其他情形。

人民法院认为认可或者协助香港破产程序违反内地法律的基本原则或者违背公序良俗的，应当不予认可或者协助。

十九、香港特别行政区和内地就同一债务人或者具有关联关系的债务人分别进行破产程序的，两地管理人应当加强沟通与合作。

二十、人民法院认可和协助香港破产程序的，债务人在内地的破产财产清偿其在内地依据内地法律规定应当优先清偿的债务后，剩余财产在相同类别债权人受到平等对待的前提下，按照香港破产程序分配和清偿。

二十一、人民法院作出裁定后，管理人或者利害关系人可以自裁定送达之日起十日内向上一级人民法院申请复议。复议期间不停止执行。

二十二、申请认可和协助香港破产程序的，应当依据内地有关诉讼收费的法律和规定交纳费用。

二十三、试点法院在审理跨境破产协助案件过程中，应当及时向最高人民法院报告、请示重大事项。

二十四、试点法院应当与香港特别行政区法院积极沟通和开展合作。

——征稿启事——

《执行工作指导》是最高人民法院执行局编发的业务指导刊物，主要刊登最新执行政策与精神、执行裁判规则、执行典型案例、执行理论研究成果，旨在促进全国法院执行干警准确掌握法律精神、助推执行工作、繁荣执行理论。

本书所设主要栏目及其情况如下：

【最高人民法院执行局法官会议纪要】选择最高人民法院执行局法官会议讨论过的具有典型性和指导意义的案件进行刊登。本栏目编辑为邵夏虹、王晓萌。

【最高人民法院执行裁判规则疏议】对最高人民法院裁判文书确定的规则进行梳理和解读。本栏目编辑为王赫。

【最高人民法院案例与解析】刊登最高人民法院具有指导价值的案例。本栏目编辑为尹晓春。

【地方法院案例与解析】刊登地方法院具有典型性和推广价值的案例。本栏目编辑为刘丽芳、王齐亮。

【理论与争鸣】刊登强制执行领域优秀学术论文、理论研究成果，介绍域外制度。本栏目编辑为王赫、李哲。

【调研与实证】刊登强制执行领域优秀调研报告、实证研究成果、经验总结和改革创新动态。本栏目编辑为苏萌、盛强、史小峰。

【执行管理专题】刊登执行指挥中心实体化运行、执行管理方面的动态、成果及前沿问题探讨。本栏目编辑为余洋、燕东申。

【执行信息化专题】刊登执行信息化方面的动态、成果及前沿问题探讨。本栏目编辑为王丽娟。

【民事强制执行法专题】刊登民事强制执行法起草过程中的理论研究成果及前沿问题探讨。本栏目编辑为薛圣海。

【执行信箱】刊登各地法院执行工作中遇到的代表性问题及最高人民法院执行局答复意见。本栏目编辑为叶欣。

【最新法律文件】刊登执行领域最新法律、司法解释、规范性文件等。本栏目编辑为薛圣海。

本书诚邀全国各级法院同仁和专家学者撰稿。来稿要求如下：

1. 具有较强的典型性、创新性和指导价值。

2. 具有原创性，因稿件引起的任何版权纠纷由投稿人负责。

3. 撰写格式请参照本书相关部分的内容，注释援用《中国法学》体例。

4. 执行信箱栏目来信请以电子邮件形式发送至 zhixingxinxiang@163. com，邮件标题处请标明来信人单位和姓名。其中，来信咨询执行工作中的法律适用问题，应当提出普遍性、非个案的法律适用问题，并提供相应背景材料。对个案办理的咨询恕不回复。

5. 其他栏目来稿，请以电子邮件形式发送至 zhixingcankao@sina. com。邮件标题处请标明稿件所属的投稿栏目和作者单位、姓名。格式为："执行信息化专题-××省高级人民法院李××"。在稿件正文后，请详细提供如下信息：标题、作者姓名、单位全称、通信地址、邮政编码、联系电话、电子邮箱地址及身份证号码，以便于联系和邮寄稿费。

6. 本书所采稿件，按照规定支付相应稿酬。因缺少支付稿酬所需账号等原因尚未收到稿酬的，请与本书编务组联系。

《执行工作指导》编委会